I0754831

# XÉNOPHON

## DE L'ART ÉQUESTRE

**COLLECTION DES UNIVERSITÉS DE FRANCE**
*publiée sous le patronage de l'ASSOCIATION GUILLAUME BUDÉ*

# XÉNOPHON

## DE L'ART ÉQUESTRE

TEXTE ÉTABLI ET TRADUIT
PAR
ÉDOUARD DELEBECQUE

Neuvième tirage

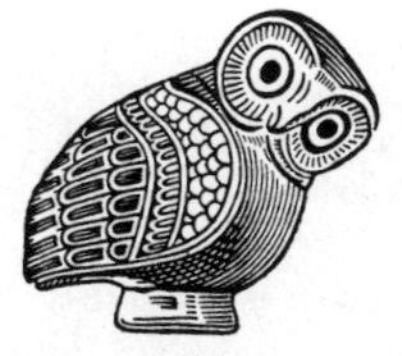

PARIS
LES BELLES LETTRES
2022

*Conformément aux statuts de l'Association Guillaume Budé, ce volume a été soumis à l'approbation de la commission technique, qui a chargé M. Lucien Pernée d'en faire la révision et d'en surveiller la correction en collaboration avec M. Édouard Delebecque.*


*95 boulevard Raspail, 75006 Paris*
*www.lesbelleslettres.com*

*Premier tirage 1978*

*ISBN : 978-2-251-00345-0*
*ISSN : 0184-7155*

# NOTICE

## I. L'ŒUVRE ET L'HOMME

***Le cheval grec avant Xénophon.***

Le cheval avait une longue histoire dans le monde barbare et le monde grec lorsque Xénophon eut le loisir de donner par écrit ses conseils aux cavaliers, et à eux seuls car, dans son traité technique, il ne s'occupa pas des chevaux attelés, ni des chars ou de leurs conducteurs. Seul l'intéresse l'art équestre.

Monté ou non, le cheval est un personnage dans les antiques légendes. Pour les poètes, il mérite l'admiration non seulement par la force de son sabot, capable de résister à l'eau du Styx et de faire jaillir la source de la montagne, mais aussi par une vitesse et une beauté qui l'assimilent aux dieux.

Unie à Zéphyr, la Harpyie Podargé mit au monde les chevaux des Dioscures, et ce Xanthos et ce Balios que Poseidon offrit en présent, pour leur mariage, à Thétis et à Pélée, et qui furent ensuite les merveilleux chevaux d'Achille devant Troie; Poseidon accorda d'autres chevaux, ailés, à Pélops, le fondateur des Jeux Olympiques. A Troie encore Eumélos, fils d'Admète et d'Alceste, emmena les chevaux qu'Apollon avait soignés jadis lorsqu'il servait chez Admète. Les déplacements de la Lune et du Soleil étaient assurés par les huit chevaux de leurs attelages. Pégase, le coursier ailé de Persée, né aux sources de l'Océan, gravit l'Olympe pour être mis au service de Zeus, et c'est Athéna elle-même qui le remit à Bellérophon pour qu'il pût s'élancer contre Chimère. Borée, avec les cavales d'Erichthonios, engendra douze poulains si légers qu'ils ne ridaient la surface ni des blés ni de la mer. Déméter se métamorphosa en jument et Poseidon en étalon pour que vît le jour Areion, le cheval d'Héraclès, qui devint celui d'Adraste. Cronos prit la forme d'un cheval pour s'unir à Phyléra et donner naissance à Chiron, le centaure, symbole du parfait cavalier, à qui Xénophon se plaît à rendre hommage [1].

Sous les murs de Troie, les guerriers troyens et grecs pratiquaient le char de guerre, pour la course ou pour le combat, mais beaucoup savaient monter à cheval. Diomède recommande à son écuyer Sthénélos de sauter sur les chevaux capturés d'Énée, des animaux « à la belle crinière », et de les pousser vers les Achéens [2]. Hector promet à Dolon, qui a des vues sur les chevaux d'Achille, que personne « d'autre parmi les Troyens ne montera sur eux » [3]. Le roi thrace Rhésos possède des chevaux blancs comme neige, rapides comme le vent, et la Dolonie nous fait voir Ulysse et Diomède sauter sur leur dos pour les emmener la nuit de leur capture [4]. L'*Odyssée* elle-même, poème de la mer, montre une connaissance certaine de l'équitation : les cavaliers cicones se battent bravement à cheval; Ulysse, dans la tempête, est monté sur une poutre, dit Homère, comme sur un cheval de course [5].

Avant Homère, des Asiatiques pratiquaient l'élevage et montaient à cheval. Après lui, les Barbares eurent des cavaleries importantes. Dès le VIIe siècle, les jeux panhelléniques suscitèrent dans les cités grecques une émulation favorable à l'essor du cheval. La course de chevaux montés

1. Voir *Chasse*, 1, 1; 17 et la note sur 1, 1.
2. *Iliade*, 5, 323-325.
3. *Iliade*, 10, 330.
4. *Iliade*, 10, 465 et suiv. jusqu'à la fin du chant.
5. *Odyssée*, 9, 49 et 5, 371.

fut instituée à Olympie en 680, à Delphes moins d'un siècle plus tard. Dans Athènes, le cheval s'imposa lorsque Solon créa une classe sociale particulière et un petit escadron d'une centaine de cavaliers [1] : nombre dérisoire en face de la cavalerie barbare des Guerres Médiques. Mais le départ était donné. Périclès porta l'effectif à deux cents archers montés et mille cavaliers.

Les Athéniens ne furent pas les seuls à monter à cheval. A Syracuse, le tyran Hiéron, qui a ses écuries personnelles dans la presqu'île d'Ortygie, crée une cavalerie bardée de fer. Simonide et Pindare chantent les victoires de ses chevaux à Delphes et à Olympie. Béotiens, Argiens, Thessaliens deviennent des cavaliers remarquables et l'Hellade est « nourricière de beaux coursiers » [2].

Mais tandis que Sparte, prisonnière de ses mœurs étroites, ne voyait le cheval que d'un œil soupçonneux, Athènes lui rendit le plus bel hommage quand les sculpteurs le prirent, pour créer les types du Cavalier et du Centaure. Entré dans la vie athénienne, il ne fournit pas seulement des motifs à la sculpture; il inspira aux poètes quelques-unes de leurs plus belles images et devint l'ornement des fêtes comme il servait déjà sur les champs de bataille. Il y eut à Athènes des concours hippiques, de grandes processions, où défilaient les escadrons de la cavalerie. L'équitation était en honneur chez les jeunes gens des milieux aristocratiques; les éphèbes montaient à cheval et les meilleurs étaient sans doute pris dans la cavalerie. Les médecins conseillaient la pratique du cheval et Platon en connaît la valeur [3]. Quelques Athéniens gagnaient leur vie, d'autres acquéraient la gloire — ou se ruinaient — par leurs écuries. Est-il surprenant que Xénophon, né à Athènes dans une famille aristocratique, ait eu très jeune la passion du cheval?

1. Aristote, *Ath. Pol.*, 7, 3; 26, 2.
2. Euripide, *Iph. Taur.*, 132.
3. *Lachès*, 182 a; *Rép.*, 467 c; *Ménon* 94 b-c.

*Xénophon et le cheval*

Xénophon tient son amour du cheval d'une tradition de famille. Son père a pu servir dans la cavalerie. Lui-même a dû faire son service dans cette arme d'élite puisqu'il fut enrôlé comme cavalier sous les Trente et, âgé d'environ vingt-trois ans, participa, peut-être malgré lui, aux opérations de la guerre civile en 403 [1]. La paix venue, la prudence lui commanda de répondre à l'invitation de Proxène, et sa carrière militaire devait être d'un bout à l'autre celle d'un cavalier.

Entre le printemps de 401, où il rejoignit en Asie l'armée levée par Cyrus le Jeune pour marcher contre son frère Artaxerxès, et le printemps de 399 où il remit au Spartiate Thibron les survivants des Dix-Mille, le plus clair de ses campagnes, on le voit par l'*Anabase*, se fit à cheval, et c'est pourquoi, peut-être, il garda la vie sauve. Il est à cheval la première fois qu'il fait mention de lui-même avant la bataille de Cunaxa [2]; il possède plusieurs chevaux dans l'armée des Grecs et cède un jour sa propre monture à un fantassin las de la marche à pied [3]. Lorsqu'il songe, dit-il, à regagner Athènes, à la fin de l'expédition désastreuse, et qu'il se trouve sans argent, il se résout la mort dans l'âme à vendre son cheval « qu'il aimait beaucoup ». Quelle n'est pas sa joie quand des amis le rachètent pour le lui rendre [4] !

Il est plus discret, puisqu'il servit alors contre sa patrie, dans la relation des campagnes suivantes, mais tout porte à croire que, lorsqu'il suivit le roi de Sparte Agésilas dans ses campagnes contre le Perse Pharnabaze en 396, puis en Grèce jusqu'à Coronée en 394, il faisait la guerre dans les rangs de la cavalerie spartiate.

Alors prit fin sa carrière militaire, sans mettre un terme

1. *Essai*, p. 61-63.
2. *Anab.*, 1, 8, 15.
3. *Anab.*, 3, 3, 19; 4, 46-47.
4. *Anab.*, 7, 8, 2-6.

à son amour pour le cheval. Lorsque Sparte lui eut octroyé à peu de frais le domaine de Scillonte, en Élide, non loin d'Olympie [1], il put continuer sa pratique de l'art équestre dans une vie désormais civile; et le jour où il entreprit de consacrer une partie de ses loisirs de gentilhomme campagnard à mettre par écrit ses souvenirs et ses idées, il fit servir son œuvre à la glorification du cheval.

Un fait curieux montre sa passion. Lorsque, pour mener à sa fin la relation des dernières années de la guerre du Péloponnèse, il prend à la suite l'œuvre inachevée de Thucydide, les chevaux se multiplient comme par enchantement dans une guerre qui comportait alors des batailles surtout navales : un historien cavalier s'est substitué à un historien tout court.

Le phénomène n'est pas particulier aux *Helléniques*. Si l'on met à part la brève *Apologie de Socrate*, qui ne postule aucune mention du cheval, il n'existe pas un livre, même philosophique, où Xénophon ne mette le cheval en scène. Quelquefois, il s'agit d'illustrer une idée par un exemple; en général, guidé par son goût, il insiste sur les épisodes, même étrangers à la logique de l'exposé, qui lui permettent de mentionner des chevaux, des cavaliers, une cavalerie. Il y a là autre chose que la manifestation involontaire d'un penchant; il y a une volonté de servir la cause même du cheval.

D'abord Xénophon, quel que soit le sujet traité, prête ce penchant à tous les grands personnages, grecs ou barbares, qu'il admire. Agésilas tranche sur le commun des Spartiates par ses talents tactiques et stratégiques à employer la cavalerie. Cyrus le Jeune, tué à Cunaxa, possède plus d'un titre de gloire, mais en particulier celui d'avoir « beaucoup aimé les chevaux » et d'être « monté à cheval avec une habileté consommée » [2]. Avec Cyrus

1. Sur le site de ce domaine, cf. E. Delebecque, « Annales de la Fac. des Lettres d'Aix », 29, 1955, p. 3-11.

2. *Anab.*, 1, 9, 5.

l'Ancien, Xénophon se sent plus à l'aise, car il peut le modeler à son image. Quel enthousiasme chez le petit prince quand son grand-père a l'idée de lui apprendre à monter ! Il est en retard sur ses camarades mèdes, mais son ardeur et son application compensent le temps perdu; et comme il applique les principes de Xénophon, il passera maître dans l'art de former les chevaux [1].

Xénophon ne se borne pas à doter quelques grands hommes de goûts qui sont les siens; il s'attache toujours à démontrer les immenses services rendus par le cheval dans les vies civile et militaire. Une fois, dans une harangue à ses hommes, il paraît douter de lui : « Personne dans une bataille, s'écrie-t-il, n'a jamais péri d'une morsure ou d'un coup de pied de cheval; ce sont les hommes qui font es batailles... La cavalerie n'a sur nous qu'un avantage, c'est de fuir avec plus de sûreté [2]. » Mais il cache là son sentiment : il a pour objet de raffermir les courages d'une armée de fantassins, face à face avec un ennemi rendu terrible par ses milliers de chevaux, et son premier soin va être de créer chez les Grecs une petite unité de cavalerie.

Dans la réalité comme dans la fiction, Xénophon n'a jamais changé d'avis sur la valeur du cheval. Par un système de relais, Cyrus l'Ancien fonde dans l'empire perse un service des postes [3]. La chasse à cheval permet de poursuivre le gros gibier en même temps qu'elle confirme les vertus physiques et morales du cavalier [4]. La vie à la campagne favorise l'élevage; Ischomaque, cet autre Xénophon, après avoir inspecté ses terres et ses travailleurs agricoles, monte à cheval pour un travail quotidien [5].

Mais le cheval est surtout destiné au service de la cité

1. *Cyrop.*, 1, 3, 15; 4, 4; 8; 8, 1, 9; 9; 35.
2. *Anab.*, 3, 2, 18-19.
3. *Cyrop.*, 8, 6, 17.
4. *Anab.*, 1, 2, 7; 5, 2; *Cyrop.*, 1, 4 *passim*; 2, 4, 20; 8, 1, 34-35.
5. *Economique*, 11, 17.

dans les guerres. Loin de l'ennemi, par les éclaireurs, la cavalerie assure l'exploration et la découverte; elle permet d'occuper, en avant de l'armée, une tête de pont, un point de passage forcé, un observatoire. Plus près de l'ennemi, elle constitue avant-garde, arrière-garde ou flanc-garde. Au combat, elle harcèle l'adversaire, l'enveloppe par les ailes et quelquefois charge. Après la bataille, elle exploite le succès, poursuit les fuyards, récolte le butin [1]. Rien ne l'arrête : on l'embarque pour de grandes traversées; elle combat même, en pénétrant dans la mer, contre des vaisseaux ennemis; et s'il faut faire une étape dans la neige, on enveloppe les sabots dans de petits sacs [2].

Ainsi se dégage une véritable doctrine d'emploi de la cavalerie, et Xénophon se met ici à l'école de l'étranger. Il préconise des réformes, dans l'armement des troupes montées, selon le modèle perse; il admire l'organisation de la cavalerie du Grand Roi et ne perd pas une occasion pour souligner l'infériorité, au moins numérique, de celle des Grecs. Rarement une cité hellène dispose de plus de mille chevaux. Dans les combats, on compte par dizaines les cavaliers grecs, par milliers ceux des Barbares. Les ennemis de Cyrus l'Ancien pourront aligner jusqu'à 70 000 cavaliers, et si le chiffre est imaginaire, il dénote une intention, qui se manifeste encore quand, trois fois, dans le roman comme dans l'histoire, Xénophon fait constater le besoin d'une cavalerie et le fait suivre de sa création immédiate. Les effets heureux apparaissent immédiatement, parce que les soldats ordinaires sont devenus des « hommes ailés » ou des Centaures [3].

Reste à entraîner cavalerie et cavaliers. Xénophon recourt à l'émulation que suscitent les courses, les défilés,

1. On le voit *passim* dans l'*Anabase* et la *Cyropédie*.

2. *Hell.*, 1, 1, 6; 2, 7; 6, 24; *Anab.*, 4, 5, 36.

3. *Cyrop.*, 4, 1, 10-12; 3, 4-23; *Hell.*, 3, 4 entier; 4, 3, 4-9; *Agés.*, 1, 23-24; 31. Pour plus de détails, voir A. E. p. 10-11.

jeux et concours hippiques de toute nature, civils et militaires, en temps de guerre comme en pleine paix, et dans tous les pays, avec des prix pour les vainqueurs [1]. Il n'est guère de livre où il ne fasse une campagne de propagande en faveur du cheval.

Telle est la place que tient l'animal dans son œuvre ou, plus exactement, dans la partie de l'œuvre qui ne lui est pas spécialement consacrée. Car il reste, à côté des grands ouvrages, romanesque, historique, politique ou philosophique, deux traités purement hippiques, le *Commandant de la cavalerie* [2] et l'*Art équestre*. Mais, si étrange que la chose puisse paraître, tous deux ont un lien avec l'œuvre socratique de notre auteur. Ils figurent, à l'état de résumé, ou d'esquisse, dans un long entretien du chapitre 3 du livre III des *Mémorables*, où est tracé tout un programme, destiné à un futur hipparque athénien, sur la formation et l'emploi des chevaux et des jeunes cavaliers. Le programme est mis dans la bouche de Socrate qui, bien qu'il n'ait jamais été cavalier, s'exprime en connaisseur. En s'effaçant derrière l'autorité universelle du penseur, même dans un domaine où le disciple l'emportait sur le maître, Xénophon a voulu placer ses deux livres du cheval sous le signe de la plus grande sagesse que la Grèce antique ait connue.

*« L'art équestre », son objet son époque.*

La date du livre est inconnue, et il ne donne sur lui-même que des indications fugitives. Xénophon le commence en parlant de sa « longue pratique de l'équitation », et il s'adresse « aux plus jeunes de nos amis ». Né probablement en 426, environ un an après Platon, il n'est plus lui-même un jeune homme.

La dernière phrase du livre pourrait fournir un *terminus*

1. Entre autres, *Banq.*, 1, 2; *Agés.*, 1, 25; *Anab.*, 4, 8, 28; *Écon.*, 7, 9; *Hell.*, 4, 2, 5-8; *Cyrop.*, 8, 3, 9-18.

2. Voir l'édition, Belles Lettres, 1973.

*post quem* : « Ce qu'un commandant de la cavalerie devrait savoir et pratiquer, écrit Xénophon, nous l'avons exposé dans un autre écrit. » Mais la date du *Commandant de la cavalerie* n'est que probable, 357 environ, et cette phrase finale, d'autre part, peut avoir été ajoutée postérieurement [1] parce qu'elle appartient à un chapitre qui ne semble pas être de la même venue que le reste.

On est donc contraint de se contenter d'une date possible et, pour cela, d'interroger Xénophon sur ses intentions. Celles-ci apparaîtront avec plus de netteté si l'on confronte l'*Art équestre* avec le *Commandant de la cavalerie.* L'auteur écrit-il notre traité, comme l'autre, en vue de la guerre? Il est certain qu'il parle beaucoup du cheval d'armes, sans doute à cause de ses souvenirs de guerre. Mais à mesure que l'œuvre avance, il montre les progrès que le cavalier accomplit dans la formation du cheval, le point culminant étant atteint lorsque celui-ci arrive, dans la parade, à la haute-école. Il est entendu que les défilés ont pour objet une propagande en faveur de la cavalerie et que Xénophon veut la développer pour les services qu'elle rend à la guerre. Mais il vise ici le cheval en général plus que le cheval athénien, et dans une œuvre dont l'atmosphère est beaucoup plus pacifique et beaucoup moins athénienne que dans le *Commandant de la cavalerie.*

Ce dernier traité peut être daté précisément à cause d'une guerre qui semble menaçante en 357 avec Thèbes, et c'est parce que le chapitre 12 de l'*Art équestre* se rapproche du *Commandant de la cavalerie* par le conseil d'une réforme nécessaire dans l'équipement du cavalier « qui s'apprête à affronter les dangers » qu'il semble se séparer des onze chapitres précédents. La discrète allusion au jeune lecteur qui peut devenir un jour hipparque, ou phylarque (11, 10), n'implique nullement que Xénophon

1. Il est notable que le § 14 et dernier du ch. 12 manque dans le ms. A, et que dans le ms. B le début de ce ch. 12 soit séparé de la fin du ch. 11 par un blanc d'environ cinq lettres, le seul de tout le livre.

écrive à Athènes puisque l'expression se rapporte à l'avenir. Un mot même semble à cet égard décisif : si, à propos de la statue consacrée par Simon près de l'Eleusinion, Xénophon éprouve le besoin de préciser l'Eleusinion « à Athènes » (1, 1), c'est que lui-même éloigné d'Athènes doit dissiper toute équivoque en épargnant à ses lecteurs une confusion possible avec l'Eleusinion d'une autre cité.

Au contraire, lorsque dans le *Commandant de la cavalerie* (3, 2) Xénophon fait mention de l'Eleusinion, il n'éprouve pas le besoin de dire qu'il s'agit de celui d'Athènes. C'est qu'alors il écrit à Athènes probablement, et sûrement pour un public athénien. Mais dans l'*Art équestre* nous sommes ailleurs qu'à Athènes. Nous y sommes si peu que lorsqu'il fait allusion aux États où l'équitation semble créée pour une aristocratie de la finance ou de la politique (2, 1), il parle des cités en général sans en viser aucune particulière.

Les jeunes gens auxquels il s'adresse ne sont donc sans doute pas les jeunes Athéniens vivant à Athènes susceptibles d'être actuellement enrôlés dans la cavalerie. Et s'il faut détourner ses regards de la patrie de Xénophon, est-il interdit de les porter sur sa propre famille? Est-il impossible qu'il écrive avant tout pour ses deux fils? Si cette hypothèse est confirmée, la jolie expression par laquelle il appellerait ses fils « les plus jeunes de nos amis » ne serait pas étrangère à sa manière d'écrire et de penser. Il s'adresse en outre à des lecteurs de son milieu ; il conseille de futurs citoyens à qui l'équitation sera utile comme formation physique et morale et qui auront un jour un rôle à jouer dans la cité (2, 1).

Ces citoyens sont des amateurs (2,5, rappelé par 12,14) et non des spécialistes ; ils ont besoin de recevoir un enseignement. Tout le livre est didactique et les leçons y sont d'un ordre aussi bien moral que pratique. Son auteur insiste sur les vertus de la douceur et, pour exposer sa doctrine, évite souvent les termes trop techniques. Il prend des précautions pour introduire un mot spécial et recourt à des périphrases au caractère enfantin [1]. Le jeune élève devra s'initier à des connaissances variées : il saura juger les qualités d'un cheval, l'essayer, l'acheter; il aura des notions d'hippologie, deviendra familier avec l'équitation de manège, d'extérieur, plus tard de haute-école; il saura vite appliquer le règlement de service en campagne.

Il semble que Xénophon se complaise à évoquer pour de jeunes auditeurs ses propres souvenirs militaires. La guerre est pour lui dans le passé plus que dans l'avenir et il aime leur faire écarquiller les yeux par un discret rappel de ses campagnes; il cite les mœurs de pays fabuleux, chez les Perses ou les Odryses; il ouvre les trésors de son expérience, glanés sur les champs de bataille d'Asie et de Grèce. Car il songe à l'avenir de ceux pour lesquels il écrit, et qui lui succéderont. Si ses fils font un jour la guerre, comme il est toujours probable entre cités grecques, il est bon qu'ils sachent tirer parti, comme leur père, du plus fidèle serviteur de l'homme, capable de les sauver dans les circonstances critiques.

Il espère cependant pour eux un avenir moins agité que son propre passé. Peut-être auront-ils un jour un commandement dans la cavalerie athénienne; ce jour-là la famille sera rentrée d'exil. Ils pourront glorieusement défiler sur l'agora jusqu'à l'Eleusinion; ils pourront élever et dresser des chevaux en vue des carrousels, acquérir une réputation dans l'art hippique, si quelque divinité n'y met obstacle [2].

On manque de preuves positives; mais les impressions concordantes abondent pour nous inviter à penser que l'*Art équestre* est, pour une bonne part, l'œuvre d'un père soucieux de la carrière à venir de ses deux fils. Ces fils ont dû naître à peu près vers 398/397 et le livre s'adresse à des jeunes gens qui savent monter correctement, passé

1. La fourchette (1, 3); les pâturons (1, 4); diverses sortes de cuisses (1, 7; 14); diverses sortes de reins (1, 12; 11, 2).
2. *Art éq.*, 11, 10-13.

le stade des rudiments, mais qui ne sont pas encore à la veille d'un service militaire [1]. On dirait que les enfants en question sont déjà, ainsi que le petit Cyrus, qui leur ressemble comme un frère, en âge de prendre part à de grandes chasses.

Si ces hypothèses, malgré leur fragilité, sont fondées, l'*Art équestre*, sauf peut-être le chapitre de la fin, fut écrit pendant l'exil de Xénophon, dans son domaine de Scillonte où, arrivé vers 390, il devait demeurer jusqu'en 371, date où les Éléens « recouvrèrent » la région, sans doute après la bataille de Leuctres. L'atmosphère est celle de la digression sur ce domaine qui figure au milieu de l'*Anabase* (5,3,7-13). Comme Ischomaque, Xénophon vit en propriétaire terrien, sans être d'ailleurs propriétaire, chasse volontiers ou se promène à cheval avec ses visiteurs; il a formé son piqueur pour les aider à se mettre en selle ou pour l'aider lui-même les jours où il se sent fatigué. De telles évocations doivent être à peu près contemporaines de la vie décrite dans l'*Économique*.

Si le chapitre 12, où l'on respire une autre atmosphère, a été composé séparément, il peut avoir été jugé opportun lors de la *publication* de l'*Art équestre*; et l'on comprendrait ainsi l'idée de réforme dans l'armement du cavalier et l'allusion finale au *Commandant de la cavalerie*. Mais il semble que le gros du livre ait été composé lorsque les fils de Xénophon avaient une quinzaine d'années, dans les beaux jours de Scillonte, peut-être un peu avant 380. Il est impossible d'être plus précis.

***La valeur de l'œuvre.***

Il est vrai que la date importe peu pour déterminer la valeur de l'œuvre en soi, abstraction faite de la personnalité de l'auteur.

1. Il ne faut sans doute pas tirer argument du fait qu'aucun conseil ne s'adresse à un futur éphèbe, puisque nous sommes à une époque où Xénophon vit en exil loin d'Athènes.

Il convient pour cela de rappeler d'abord les différences fondamentales qui séparent les usages antiques des nôtres. Les conditions de vie du cheval étaient particulières. La Grèce avait peu d'herbages et les chevaux, rarement « au vert », devaient être nourris à peu de frais; l'orge devait remplacer notre avoine. Le sol était en général dur et sec, et la rocaille des sentiers soumettait à de rudes épreuves les sabots et les tendons. L'absence de fers donnait une importance exceptionelle à la qualité de la corne. Le mors était plus sévère que le nôtre. Le cavalier avait en général les cuisses et les jambes nues sur un cheval nu lui-même, ou sur une selle très simple, dépourvue d'étriers et sans paquetage en campagne. Ni l'emploi du cheval ni la façon de monter sur lui ni les accidents et blessures auxquels il est sujet n'étaient alors, en bien des cas, ce qu'ils sont devenus de nos jours.

Mais, le cheval demeurant égal à lui-même, les conseils de Xénophon peuvent être examinés à la lumière d'aujourd'hui et, même après plus de vingt siècles, on a le droit d'interroger l'auteur sur le crédit que mérite son livre.

Il n'y a pas à en déplorer les lacunes, parce que Xénophon n'a pas voulu rédiger un traité du cheval. Il entend simplement être plus complet que son devancier Simon d'Athènes. Sans doute passe-t-il sous silence une foule de questions que nous aimerions le voir aborder, en particulier sur le manège, l'écurie, le mors et la selle. Mais il écrivait pour des Grecs de son entourage et de son temps A quoi bon décrire la bride ou les rênes quand on en voyais tous les jours autour de soi? Les détails ordinairet de la vie courante de jadis n'ont d'intérêt que pour nous.

Il y a de tout dans l'*Art équestre*, et tout n'y est pas égal. Xénophon y mêle, mises sur le même plan, des remarques de bon sens et des explications essentielles, ces dernières trop abrégées à nos yeux. Peu nous importe la moralité de « l'œil du maître », bonne pour des esprits jeunes, quand l'auteur est évasif, par exemple, sur l'action des jambes du cavalier. Mais c'est négligence et non ignorance.

Les erreurs sont très rares. Si Xénophon se trompe quelquefois sur les causes, son expérience lui a montré les faits. Il a tort de croire que l'eau fait pousser les crins (5,6-7), qu'il faut couper la queue des juments autrement trop fières pour accepter l'idée de mettre des mulets au monde (5,8), que le cheval fatigué de la ligne droite préfère les voltes (7,14) et qu'il peut avoir du plaisir à saisir le mors (6,11). Ces taches, qui délassent, ne déparent pas l'ensemble.

Plus graves sont les ignorances en matière d'hippologie. Xénophon se trompe sur les blessures du boulet et surtout sur certaines tares, qu'il prend pour des varices (1,4-5); peut-être confond-il la peau avec les tendons, comme il mélange quelque peu le rein, la croupe et les hanches (1,5; 13; 11,2); il met sur le même plan les antérieurs et les postérieurs du cheval, sans voir que, comme l'homme, l'animal a deux jambes et deux bras et non pas quatre cuisses. Mais combien de lecteurs souffrent-ils de ces fautes? Et peut-on faire grief à Xénophon, qui observe si bien les dehors, d'ignorer une anatomie du cheval qu'on ignorait de son temps? Songeons encore que beaucoup de ses erreurs peuvent s'expliquer par une insuffisance du vocabulaire technique, ou par son refus d'y recourir, et enfin que tel ou tel commentateur lui en attribue qu'il n'a jamais commises. En somme, ce qu'on peut inscrire à son passif se réduit à peu de chose, deux ou trois mots, une ou deux phrases; tout le reste est à son actif.

Les conseils d'ordre pratique sont excellents. Un amateur qui achèterait aujourd'hui un cheval en observant à la lettre les prescriptions de Xénophon pourrait emmener sans grande crainte son acquisition chez lui. La description de l'extérieur du cheval, de ses beautés, de ses défectuosités, est si exacte que le commentaire peut souvent se limiter à la reproduction pure et simple d'une hippologie moderne [1]. On croirait même parfois que tel auteur d'un manuel d'hier ou d'aujourd'hui se borne à recopier Xénophon, qu'il n'a pourtant jamais lu.

La manière de brider, d'introduire le mors dans la bouche est d'une exactitude qui peut surprendre (6,7-8). Les indications minutieuses sur l'art de sauter à cheval sans donner de coup sur la bouche ou de passer légèrement la jambe par-dessus la croupe sont si actuelles qu'elles ont gardé toute leur valeur (7,1-2). Il en va de même pour les conseils sur la position du cavalier à cheval, corps droit, jambe souple et très descendue, coude au corps (7,5-7), sur la position à l'obstacle, en terrain varié ou selon les défenses du cheval (8,7-10).

Sur les sentiments de l'animal, les modernes n'ont pas dépassé Xénophon. Un traité d'hippologie, qui fait autorité, peut affirmer que « nombre d'actes accomplis par le cheval relèvent de l'intelligence, c'est-à-dire de l'attention, de la mémoire, du jugement, du raisonnement même... Le cheval éprouve aussi des sentiments plus ou moins vifs, allant même jusqu'à la passion. Il a de la reconnaissance, de l'attachement et de la haine, de la colère, de la rancœur. Il est accessible à la joie, au chagrin, à la gaieté, à la tristesse, à l'amour, à la jalousie, à la répulsion, à la peur... Enfin, dans maintes circonstances, il fait preuve d'émulation, d'orgueil même... Le fond de son caractère est fait de douceur, de docilité, de timidité et de sociabilité » [2]. Xénophon ne pense pas autrement, et l'on comprend dès lors que ses conseils sur la manière de traiter le cheval, les principes du dressage, la théorie de la récompense, la nécessité d'obtenir l'adhésion intelligente ou spontanée de l'animal aux ordres qu'il reçoit, n'aient pas vieilli. Le traité moderne ne va ni plus loin ni moins loin que le

1. Par exemple, 1, 11 sur le dos double; 1, 12 sur le rein et sur le ventre; 1, 14 sur le sillon des cuisses.

2. Jacoulet, N.E., p. 104-106; voir *Art éq.*, 1, 1; 3, 3; 7; 10-11; 5, 3; 8; 6, 10; 14; 16; 9, 4; 7; 10; 10, 1, 12, 13; 11, 3; 6-7.

livre ancien lorsqu'il réclame, dans la conclusion sur ce chapitre, que le cheval soit élevé « avec tact, patience, une grande fermeté, exclusive de toute brutalité ou seulement de violence : tel est le moyen de faire taire les mauvais instincts, de réfréner les mauvaises passions, d'obtenir la soumission confiante, la docilité, et tel est le but de tout effort de domestication et de dressage »[1].

Si les conditions premières des rapports entre le cavalier et son cheval n'ont pas varié, a-t-on fait des progrès en matière d'équitation? La question est essentielle, mais délicate à résoudre parce que Xénophon, on le sait, ne dit pas tout. Mais l'impliqué fournit des indications là où l'expliqué fait défaut.

L'art équestre des Grecs ne devait pas différer sensiblement du nôtre. Les remarques de Xénophon sur les figures « de manège » destinées à l'assouplissement du cavalier et de sa monture en sont la preuve, comme ses conseils sur l'équitation d'extérieur, le terrain varié, l'obstacle, les changements d'allure et de vitesse. Un fait témoigne même d'un degré avancé : Xénophon, sans recourir toujours à l'allongement d'allure, pratique certainement les « départs au galop »[2].

L'équitation supérieure nous renseignera mieux encore sur le degré de perfection du dressage au temps de Xénophon. En dépit de certaines divergences de doctrine, inévitables entre spécialistes, on peut dire que l'objet du dressage moderne est la recherche de l'équilibre. Celui-ci réside dans une « judicieuse répartition du poids du corps et de la charge entre l'avant-main et l'arrière-main, ainsi que dans une grande mobilité du centre de gravité, de telle sorte que le cheval monté... ait des gestes aisés, le déploiement de force facile, les allures coulantes... »[3]. Cet équilibre, relativement simple à obtenir pour le cheval

1. Jacoulet, N.E., p. 106.
2. *Art éq.*, 7, 11 et 12; 10, 13 et 15.
3. Jacoulet, N.E., p. 226.

attelé, ne l'est pas pour le cheval monté, soumis au poids du cavalier, lui-même à la recherche de son propre équilibre. Le célèbre écuyer Fillis ne s'exprime pas autrement que Jacoulet : « Le principe fondamental, écrit-il dans sa préface, page XII, ... est qu'il faut chercher l'équilibre, la légèreté du cheval, dans le mouvement en avant, dans l'impulsion, pour obtenir par l'effort moindre les effets les plus énergiques : l'équilibre par la hauteur de l'encolure fléchie à la nuque, non au garrot; l'impulsion par les jarrets engagés sous le centre; la légèreté par la flexion de la mâchoire, voilà toute mon équitation. »

Ces deux citations se complètent pour donner une idée de la doctrine moderne et, sans entrer dans les détails qui relèvent du commentaire, on peut affirmer qu'elle est déjà celle de Xénophon. Celui-ci, qui a peu de goût pour l'abstraction, ne s'élève pas à une théorie de l'équilibre, mais il distingue empiriquement les trois phases de l'équitation supérieure.

En premier lieu le *ramener* (1,8; 10,3), c'est-à-dire l'élévation de l'encolure et la flexion de la tête à la nuque, au point de rendre le chanfrein presque vertical, tandis que la bouche vient légèrement au contact avec la main. En second lieu les *postérieurs engagés* (1,12; 11,2 et 3), c'est-à-dire l'arrière-main avancée sous le corps par une flexion des jarrets, de manière à procurer légèreté, mobilité, équilibre. Il suffit dès lors que le cheval réalise en même temps les deux attitudes pour qu'il atteigne la troisième phase, supérieure, celle du *rassembler*. Xénophon n'emploie pas le terme, évidemment, mais il connaît la chose (11,2). Pour lui, telle est bien la perfection du dressage, et le sommet de l'art équestre.

On peut s'étonner qu'il ne parle pas, ou presque pas, de l'action des jambes du cavalier pour obtenir ce résultat. Peut-être la sévérité du mors y suppléait-elle, au moins en partie. En tout cas, il décrit avec tant d'insistance et de précision l'action raffinée du mors (10,10-13), complétée par celle d'une main légère (9,9; 10,13), qu'il connaît sûrement, et possède, le don sans lequel un cavalier peut tenir à cheval, mais ne deviendra jamais un homme de cheval, c'est-à-dire le *tact*; et avec Fillis il pourrait écrire que « la main doit sentir les idées du cheval ».

Ainsi les principes de toute équitation supérieure sont déjà dans Xénophon. Peut-être éparpille-t-il un peu la doctrine; il en sent les éléments mieux qu'il ne les définit, mais ses impressions mêmes démontrent qu'il a le *sens* du cheval et l'on est en droit de conclure, sur ce point, que si l'équitation actuelle est plus variée, elle n'est sans doute pas beaucoup plus avancée qu'au temps des Grecs, puisque quatre siècles avant Jésus-Christ elle touchait son apogée. La frise du Parthénon confirme le témoignage littéraire. Les chevaux de Phidias engagent l'arrière-main, tiennent la tête à un ramener sévère et vont au petit galop, vif et rassemblé, sous l'action d'un mors qui pourrait les faire souffrir s'ils n'obéissaient pas à la main de leurs jeunes cavaliers.

***Xénophon et son livre.***

Le traité de l'*Art équestre* a donc une très grande valeur, à la fois technique et historique, en montrant ce qu'était le cheval monté et ce que devait être l'équitation au temps de Xénophon. L'auteur voulait donner cet enseignement. Mais son art est tel qu'en décrivant le cheval grec, il se décrit aussi lui-même, sans l'avoir cherché. On a vu qu'en évoquant ses souvenirs il a éclairé un peu de sa vie. Il peint aussi la vie, dans ses détails et dans son mouvement.

Vivant dans un pays où la lumière accuse la netteté des contours, il *voit* toujours ce dont il parle, et il n'en parle que parce qu'il le voit. Cette remarque aide à comprendre, dans leur clarté, la plupart des observations, et même des jugements qui constituent la matière de son livre.

Sur la scène qu'il voit en esprit lorsqu'il rédige, ce n'est pas toujours le même homme, ni le même cheval, qui évolue; d'où la nécessité pour le lecteur de se demander à chaque ligne si l'auteur envisage le cavalier civil ou militaire, le cheval d'armes ou de promenade. Telle phrase, obscure parce qu'on croit qu'il s'agit encore de l'*hippeus*, devient claire si l'on s'avise que Xénophon pense à l'*anabatès*. Telle remarque, surprenante appliquée au cheval en général, devient limpide si l'on se rappelle à temps qu'elle vise le cheval nerveux.

Il n'est pas moins nécessaire au lecteur de recomposer le tableau que l'auteur a devant l'esprit. Donnant ses conseils pour l'achat d'un poulain ou d'un cheval, il est témoin de la scène; en 1,1 (fin du paragraphe), il voit un cheval que l'on ne monte pas, et en 3,1, un cheval que l'on monte, et l'achat se fait devant lui, sinon pour lui. Le vendeur présente son cheval; c'est Xénophon qui le fait brider et débrider devant soi, puis qui le fait monter. Brusquement, le décor change et nous voici sur la carrière (3, 4). Le cheval monté travaille à la demande de l'acheteur éventuel. Mais déjà, dans la phrase suivante, Xénophon s'imagine le cheval non monté échappant à l'homme qui le tenait en main. Quelques instants plus tard (3,7), nous sommes sur le champ de manœuvres, en pleine campagne, pour assister à l'essai du cheval en terrain varié.

De même, en 7,3, le lecteur est au manège, ou sur la carrière, mais soudain, à partir de 8,1, nous nous trouvons dans un autre endroit, loin des maisons, sur un parcours accidenté, coupé d'obstacles. Un paysage particulier est impliqué presque à chaque page du texte, et jamais nous ne sommes prévenus du passage de l'un à l'autre. Est-ce pure négligence? Est-ce parce qu'il s'adresse à ses enfants qui ne peuvent se tromper sur les lieux qu'il suggère, aux alentours de Scillonte? Il faut chaque fois deviner la scène si l'on veut saisir dans tout son jour la pensée de Xénophon.

Cette scène est quelquefois plus réduite, exigeant par suite une vision plus difficile à imaginer. En 3,5, il faut *voir* avec l'auteur un cheval qui, au cours d'une volte, faite dans un certain sens, et sur une certaine piste, se trouve brusquement en face d'un passage libre dans une clôture; il prend alors la main du cavalier et s'échappe vers la maison; et si, dans la phrase précédente, Xénophon emploie l'expression inattendue de cheval qui s'enfuit « vers les chemins » de l'écurie, et non « vers l'écurie » ou « sur les chemins de l'écurie », c'est que, dans le lieu qu'il se figure, et de l'endroit où lui-même est placé, il ne peut assister à la fuite que dans la direction de ces chemins, ceux-ci lui étant masqués par quelque mur ou mouvement de terrain.

Comment comprendre la phrase, apparemment difficile, de 8,7, et le sens du verbe **ὑποδύοι**, si l'on ne se représente soi-même le spectacle que Xénophon a devant les yeux? Le cheval a bondi subitement en avant et le cavalier, pris au dépourvu, n'a pas eu la réaction salutaire de se pencher vers l'encolure : le voilà projeté en l'air, dans une position un peu ridicule, jambes écartées, tandis que sa monture, libérée de la main et soulagée du poids de l'homme, est en train littéralement de lui « filer entre les jambes ».

Lorsque Xénophon décrit le pansage et les dangers courus par le palefrenier, les conseils — excellents — qu'il donne sont inintelligibles si l'on ne devine pas que l'auteur, sans l'avoir dit, pense à un valet accroupi à côté de l'un des membres *antérieurs*; pour les postérieurs, les remarques seraient fausses.

En 7,8, le sens du verbe **ὑποσπᾶν** ne peut se concevoir que si l'on se représente, avec Xénophon, un cavalier à peine en selle, encore gêné dans son assiette, qui tire et arrange la tunique sous son séant pour en éliminer les plis. En 11,7, l'emploi du verbe « s'avancer » (**ἐλαύνηται**) peut surprendre, mais il faut songer que Xénophon parle d'un cheval qu'il a devant les yeux, en train de marcher, couvert de suée blanche, après une séance de travail si bien remplie qu'il est temps de mettre pied à terre et de débrider.

Ces exemples suffisent pour montrer comment Xénophon travaille : son livre se décompose en une suite de tableaux plus ou moins vastes, qu'il ne prend pas la peine de décrire, ni même de suggérer. Au lecteur de se représenter la scène et les choses vues par l'auteur lorsqu'il écrit.

Ainsi s'expliquent les images, qui font passer le novice d'un monde connu, celui de l'homme, à un monde encore mal connu, celui du cheval. Les pieds du cheval sont comme les fondations d'une maison (1,2); le cheval est en équilibre, sur les jarrets pliés et un peu écartés, comme l'homme se campe pour soulever un poids (1,14); l'acheteur d'un poulain le donne à dresser comme il confierait son fils à un maître de musique en lui traçant un programme d'éducation (2,2); la maladie du cheval doit être, comme chez l'homme, prise à ses débuts (4,2); le cheval a des accès de nervosité comme l'homme se met en colère (9,2 et 7); le cheval qui ne fait le beau que sous la contrainte de l'éperon est comme un danseur que l'on ferait valser à coups de fouet ou d'aiguillon piquant (11,6). Mais s'il s'enlève en faisant la courbette, il est comme la monture cabrée d'un héros ou d'un dieu comme on en voit sur les tableaux (11,8).

De là la vie sous-jacente à chaque page de l'œuvre. On aperçoit derrière l'auteur tout un petit monde fourmillant de vie, le maquignon, le voleur d'orge, le palefrenier, le fabricant de mors, le sellier, l'armurier, qui sont seulement des exemples dans la bouche de Socrate. Mais c'est surtout l'auteur qui, sans l'avoir voulu, se dépeint lui-même, parce qu'il a le don de vie.

On trouve en lui un Athénien de bonne famille, qui a le soin de distinguer les conditions sociales; il s'adresse à une clientèle bien née, à des amateurs, et s'il interdit à ses lecteurs le dressage des poulains, c'est que le jeune aristocrate a des occupations plus nobles que ce métier subalterne. L'écrivain est encore un artiste sensible à la beauté des choses, et surtout du cheval. Le coursier de ses rêves a l'air éveillé, l'œil expressif, les naseaux dilatés, les aplombs solides et l'allure fougueuse (1,9 et 14); il engage assez l'arrière-main pour se mettre à la position du cabrer amie des sculpteurs. Alors le public, dont l'incompétence le fait sourire, a cependant raison d'être en extase devant un spectacle rare (10, 17). Le mors donne du cheval qui s'enlève un tableau « si parfaitement beau, ou terrible, ou admirable ou merveilleux, qu'il retient les regards de tous les spectateurs, jeunes ou vieux » (11, 9).

Puis l'ensemble s'organise. Les bruits s'harmonisent avec les mouvements devant les yeux émerveillés : le cheval n'est plus seul à s'enlever; c'est tout un cortège qui défile, en l'honneur des dieux, et l'on voit émerger, comme si souvent, la piété de l'auteur [1].

Cet artiste, cet homme pieux sait voir ce qui se passe chez lui (4,1) et mettre de l'ordre dans la maison. Il sait former le bon piqueur et, par la chasse, le bon cavalier. Il lui apprend encore à faire la guerre, mais sans abuser de son commandement. En tête de colonne, dans un défilé, il saura ne pas être seul à briller sur sa monture ; il fera en sorte que tous ses cavaliers, prêts pour les mauvais jours, provoquent aujourd'hui tous ensemble l'admiration générale (11, 10-12).

Il a, comme tous les Grecs, un vif sentiment de la gloire, que l'on peut acquérir en temps de paix, sur les champs de course, aussi bien que sur les champs de bataille (11, 13); mais le trait dominant de son caractère est peut-être la douceur, faite de patience et de bonté. Hôte attentif, il pense aux amis qui lui rendent visite à Scillonte; il leur prête volontiers un cheval et, pour leur épargner l'effort, souvent excessif, de sauter à cheval, il leur donne son piqueur qui les met en selle à la manière perse. Mais c'est surtout dans les rapports entre l'homme et le cheval que se manifestent les qualités de cœur de Xénophon; il faut y insister car, en dernière analyse, c'est là qu'il faut chercher les grands principes du dressage : le reste est secondaire.

1. Sur la piété et l'idée de Providence, voir notamment 5, 6; 8; 11, 8; 13; 12, 11; il n'y a pas lieu d'insister sur une évidence.

D'abord Xénophon interdit, d'une manière générale, tout mouvement de colère (6,13; 9,2). Le cheval est à traiter comme un enfant, à qui l'on doit faire comprendre ce qu'on attend de lui. De même que le cavalier s'efforce de diminuer la sévérité du mors par la légèreté de la main, il essaye d'éveiller par la douceur l'intelligence du cheval. Chaque fois que celui-ci s'est soumis, un agrément lui fait comprendre qu'on est content de lui : on met pied à terre, on le débride, on le caresse (11, 7). « Le cheval prendra mieux le mors si, chaque fois qu'il l'accepte, il lui vient quelque bon traitement; il sautera en longueur, en largeur, et se soumettra dans tous les autres exercices si, chaque fois qu'il a exécuté ce qu'on lui commande, il s'attend à quelque soulagement » (8,14). « C'est à l'endroit même où il est contraint de travailler que le cheval doit trouver le soulagement » (7,19). « Il faut, comme nous ne cessons de le dire, récompenser le cheval chaque fois qu'il s'est soumis » (10, 12). Enfin « la meilleure leçon c'est, comme nous le disons toujours, si l'obtention d'un soulagement de la part du cavalier, lorsque le cheval s'est plié à sa volonté, vient après dans tous les cas » (11,5). Éloquente est la répétition des mots.

Le principe a naturellement sa contrepartie, la menace et le châtiment, c'est-à-dire le recours à l'éperon, à la cravache, au mors sévère. Mais Xénophon préfère toujours la manière douce. Grâce à cette méthode, il se flatte de faire éprouver au cheval du plaisir à son propre dressage; et ce dressage n'est en somme qu'un complément de la nature, puisque l'objet final est d'obtenir spontanément les résultats que produit d'ordinaire la contrainte [1].

C'est que le cheval est mieux qu'un serviteur, il est un ami, qui mérite l'indulgence. S'il a été « refusé à son examen », il n'est pas fautif; c'est inexpérience et non incapacité (3, 8); les torts sont pour l'homme, qui a commis la faute de l'exciter ou de le brutaliser (6,15; 9,2); et l'on

1. Voir notamment 6, 11; 10, 3-6.

retrouve le disciple de Socrate : si le cheval est coupable de quelque dommage, il n'est pas responsable ; c'était au cavalier de lui enseigner la vertu.

L'amour de Xénophon pour son ami et son élève n'est pas seulement dû à son aménité. Il n'oublie jamais qu'il a traversé plus d'une épreuve avec lui. Toujours ils se sont assuré un salut mutuel (8,1). « Dans les dangers, le maître confie son propre corps à son cheval » (4,1). Tous deux sont liés par une entente au milieu des périls, et l'intimité se resserre.

Ce trait achève de révéler les qualités de cœur et d'esprit d'un homme qui, au cours de son existence, a pu souffrir d'être trompé par ses semblables. Bien qu'optimiste au fond du cœur, épris de la vie au point de vouloir en tirer parti même aux plus mauvais jours, Xénophon se montre, avec ses naïvetés, sa distinction, sa nature droite et simple, honnête et pieuse, comme aimant le cheval autant que les hommes parce qu'il a sur ceux-ci la supériorité de ne l'avoir jamais déçu.

***Composition et analyse.***

*L'Art équestre* est une œuvre technique, mais, sous la sécheresse voulue par le genre, on découvre un lien aussi vivant que sa matière. Le mouvement anime la composition.

L'ordre des idées a quelque chose de capricieux. Xénophon le sait et s'en excuse. Il prend les devants pour se justifier d'une redite (8,2). Il avait déjà parlé du saut d'obstacles à propos de l'achat du cheval (3,7). S'il reprend la question, dit-il (8,3), c'est qu'il s'agit maintenant d'apprendre à sauter. Ailleurs, il ne peut plus se justifier : il revient plus d'une fois sur le problème des barres faussées, insiste peut-être plus qu'il n'est nécessaire sur les avantages d'une main légère ; mais la suite des idées n'est jamais rigide.

Il y a des parenthèses inattendues, qui peuvent contenir l'idée principale, des digressions, des idées qui se suivent mal, des problèmes essentiels, comme celui du mors, abordés par le petit côté; il y a des obscurités, des imprécisions [1]; jamais Xénophon ne se soucie d'organiser des développements, par un effort de composition, selon l'élan de quelques idées directrices. Il obéit à une certaine nonchalance, et ne le cache pas : « Comme nous avons admis que nous achetions un cheval d'armes », écrit-il en 3,7, mais le principe n'a jamais été posé. « Puisque c'est de là que nous sommes partis » écrit-il en 1,4, comme si l'ordre des remarques lui était dicté au hasard par l'imagination du moment.

La composition a donc ses défauts, mais ils sont preuve de vie. S'il y a une méthode, elle s'applique, pour ainsi dire, à un ouvrage perpétuellement en cours d'achèvement, au fur et à mesure que les développements se succèdent, alors que l'auteur ne perçoit encore que confusément le terme où il va mener son lecteur. Devant une page à remplir, Xénophon se fie à son expérience, qui est étendue, on le sait, mais ignore à peu près où il veut en venir. Quand il ne voit plus rien à dire sur une question, il le dit tout crûment; lorsqu'il ne voit plus rien à dire du tout, il pose la plume et s'en va.

Il a beaucoup de choses à dire, cependant, quand il se met au travail. Il lui faut donc un système pour régler le cours de ses idées. A mesure qu'elles se déroulent, il s'assigne des sujets limités; il annonce, étant en chemin, la route qu'il va suivre, ou ne pas suivre, ou suivre seulement jusqu'à un point donné, sans savoir forcément d'avance quelle route sera choisie. Une fois le but provisoire atteint, il l'annonce [2].

De là vient que s'il n'y a pas de plan d'ensemble, il y a au moins une succession de plans partiels. On découvre,

1. Sur tous ces points, voir A.E., p. 18-19.

2. De là le nombre de ses interventions personnelles : 1,1; 4; 16; 2, 1; 5; 3, 1; 6, 1; 7, 1; 8, 2; 7; 9, 1; 12; 10, 5; 10; 12, 1; 13; 14.

dans un tout assez mal construit, des parties harmonieusement ordonnées. Quelle est l'origine de cette particularité? Est-ce impuissance à tenir un sujet dans sa totalité? Nullement. Tout s'explique si l'on saisit ce que Xénophon cherchait à réaliser. Il n'a jamais voulu écrire une théorie de l'hippologie, ni de l'équitation. Il limite son ambition à donner des conseils pratiques, dans l'ordre même où ils peuvent servir à un amateur. Et c'est pourquoi les choses sont présentées selon les rythmes de la vie, dans leur succession chronologique.

Une analyse fait ressortir ce caractère très remarquable de la composition. Elle permet de distinguer une sorte de prologue, cinq grandes parties, ou plus exactement cinq étapes, et un appendice; dans l'ensemble s'insèrent deux grandes parenthèses :

Prologue : objet de Xénophon; son devancier (1,1).

1re partie : conseils pour l'achat d'un poulain : examen du corps (1,1-17).

*a*) avant-main, ses beautés et défectuosités : pieds, jambes, pâturons, canons, genoux, avant-bras et poitrail. Encolure, tête et leur attitude, barres, naseaux, nuque, oreilles, garrot.

*b*) corps : dos, côtes, rein, ventre.

*c*) arrière-main : croupe et hanches, cuisses, parties sexuelles, bas des postérieurs. La taille probable. Résumé de ces principes d'examen.

Parenthèse : faut-il dresser soi-même le poulain qu'on a acheté (ch. 2)?

Non, car le Grec de bonne famille a mieux à faire; il donnera le poulain à dresser, mais le piqueur doit façonner le caractère du poulain à la douceur et à la confiance.

2e partie : conseils pour l'achat d'un jeune cheval (ch. 3).

L'âge. Le caractère, la docilité : brider, monter; la

conduite : cheval qui force la main, souplesse d'allure et de caractère, obéissance. Épreuves de la guerre : saut, terrain varié. Défauts non rédhibitoires. Défauts rédhibitoires : peur, méchanceté. Procédé pour reconnaître les défauts du caractère. Résumé : quel est le cheval le plus sûr en vue de la guerre?

3e PARTIE : le cheval chez son nouveau propriétaire (4,1-6,16).

*a*) l'écurie (ch. 4) : son emplacement; l'œil du maître : précautions contre le vol; surveillance de la santé; le sol de l'écurie, les abords.

*b*) le palefrenier, son métier, sa formation (ch. 5 et 6). Ce qu'il doit savoir (ch. 5) : l'attache à l'écurie, la litière, la muselière, encore l'attache, le pansage, digression sur les crins, encore le pansage. Ce qu'il faut lui apprendre (ch. 6) : précautions à prendre au pansage. La conduite en main, la manière de brider, savoir mettre le maître en selle, éviter la colère, être doux si le cheval a peur; seconde manière d'aider le maître à monter.

4e PARTIE : le cheval et le cavalier; l'équitation courante (ch. 7 et 8).

*a*) le cavalier à pied (7,1-4) : avant de monter; sauter à cheval;

*b*) le cavalier à cheval (7,5-9) : position à cheval. Les premiers gestes du cavalier à cheval. La tenue des rênes.

*c*) le cheval en marche (7,10-12) : pas, trot et galop, départ au galop.

*d*) travail de « manège » (7,13-19) : le huit, les voltes. Galop allongé après une volte, changements d'allure et de vitesse, arrêts, mise pied à terre.

*e*) introduction à l'équitation d'extérieur (ch. 8) : le saut. Terrain varié. Principe de la récompense.

PARENTHÈSE : résumé des points acquis. Deux cas

d'exception : on a acheté un cheval nerveux ou un cheval mou; précautions à prendre (ch. 9).

5e PARTIE : le cheval et le cavalier; l'équitation supérieure (ch. 10 et 11).

*a*) avec un cheval d'armes (ch. 10) : la douceur, la légèreté de main. Les mors, leur nombre, leur nature. Le cheval placé; digression. La haute-école.

*b*) avec un cheval de parade (11,1-12) : qualités requises, moyens à employer, beauté obtenue, conseils pour l'hipparque ou le phylarque.

*Résumé général et conclusion* (11,13) : avec toutes ces connaissances on peut acquérir la célébrité.

APPENDICE : armures et armement (ch. 12).

*a*) Armure défensive du cavalier; du cheval; protection des jambes et des pieds.

*b*) Armes offensives du cavalier et phrase finale.

On le constate, Xénophon observe *dans le temps* le déroulement des questions hippiques, sans perdre de vue qu'il initie un amateur à la pratique de l'équitation civile et militaire. Telle est la composition apparente. Elle n'a rien de savant. Mais elle n'est pas la seule.

Sous l'analyse des choses matérielles on peut percevoir un mouvement profond, qui unit les parties plus solidement que par le temps, et sans lequel il n'est point d'œuvre d'art. La progression se fait jour peu à peu dans la pensée de Xénophon et finit par s'affirmer avec éclat, imprimant à l'œuvre la marque de l'auteur. Xénophon commence par traiter de questions techniques, dans toute leur sécheresse; il établit un vocabulaire hippologique; il donne des détails matériels sur le sabot, la litière, l'écurie, le pansage, mais la prose devient poésie à mesure que le sujet prend de la noblesse. Le ton, parallèlement, s'élève; il s'écarte de la froideur monotone du début pour conduire à l'enthousiasme d'une âme éprise de beauté. Xénophon en vient à l'admiration des chevaux dont il décrit les progrès; il les compare aux montures des héros et des dieux. Et si l'on met à part le dernier chapitre — qu'il faut toujours mettre à part — on verra que le jeune cheval et le cheval d'armes, peu à peu, s'effacent devant le coursier fougueux mais dompté qui fait l'ornement des fêtes religieuses. L'animal destiné à la bataille laisse la place à celui qui sert les dieux; et c'est ce cheval presque divin qui mène l'œuvre à son véritable terme [1] dans un morceau poétique où s'évoque invinciblement, par l'élégance des formes et la légèreté des allures, la grave et allègre cavalcade sculptée par Phidias.

Xénophon a transformé son traité technique en œuvre d'art.

## II. LE TEXTE

On dispose de vingt manuscrits, échelonnés du XIII^e^ au XVI^e^ siècle, pour établir le texte de l'*Art équestre*. L'histoire et la description en ont été faites par V. Tommasini dans les *Prolegomena ad Xenophontis libellum De re equestri* (« Studi italiani di Filologia classica », X, 1902) et par G. Pierleoni (*id.*, V, 1897 et VI, 1898, et aussi « Bollettino di Filologia classica », X, 1904). L'énumération complète en est donnée, avec leur contenu et leur date, dans l'édition de Klaus Widdra (Teubner, 1964).

Il est inutile de reprendre une énumération de manuscrits très différents par leur valeur. Dans la plupart des cas on peut écarter, pour établir le texte, les recentiores, à part une exception majeure que l'on examinera ci-dessous [2]. Il arrive que l'un d'entre eux, seul, rarement

1. On tient là un dernier argument pour voir la fin du livre au chapitre 11, dont les derniers mots visent encore la divinité; l'*Art de la chasse* et le *Commandant de la cavalerie* se terminent également par les dieux.

2. J'ai eu entre les mains les microfilms de M, F et R. Les vérifications que j'ai faites sur l'apparat de Widdra ont montré l'exactitude de celui-ci.

quelques-uns, encore plus rarement tous, donnent une bonne leçon, ou qui a toutes les chances d'être bonne, mais très généralement sur des points de détail, le changement d'un esprit, d'un accent, d'une lettre, la mécoupure d'un mot, c'est-à-dire en des cas qui auraient pu relever de la correction d'un éditeur. Deux fois, ils comblent la lacune d'un mot bref (τῶν en 5,6; γάρ en 12,3). Les deux leçons peut-être importantes se trouvent en 12,13, où ils donnent ἐπανακύπτουσαν contre ἐπανακάμπτουσαν de A et ἐπανακόπτουσαν de B, et en 8,11, où trois d'entre eux donnent ἑλκύσαντα contre ἑλκύσαντες de B et surtout contre ἐλαύσαντας de A. Les recentiores ont cependant une certaine valeur car ils peuvent soutenir une leçon des deux meilleurs manuscrits. C'est pourquoi il a paru préférable de ne pas leur donner le nom de deteriores qu'ils ont dans l'édition de Widdra.

L'exception majeure est celle du manuscrit A, le Vindobonensis Phil. Graecus 37, qui appartient à la catégorie des recentiores puisqu'il date du XVIe siècle; mais il s'en distingue parce que c'est lui qui incontestablement rend les meilleurs services à un éditeur. Pourtant, il est criblé de fautes, des fautes qui sont dues peut-être moins à l'inattention ou à la mauvaise vue du copiste qu'à son ignorance de la langue grecque. Elles sont si nombreuses qu'il suffira d'en indiquer les catégories principales. A côté des fautes d'accent, d'iôta souscrit, d'iôtacisme et de mots — quelquefois de phrases — omis, et qui sont signes de négligence, on est frappé du nombre de lettres qui manquent souvent dans un mot. Il suffit qu'il en manque une, ou deux, pour que le mot soit dénaturé. Ainsi le copiste écrit χὴ au lieu de χρὴ (5,3) et de même χήσασθαι et ἄχηστος (11,1 et 3,6), εἰ au lieu de εἰς (9,3), ἔστα pour ἔσται (5,1), ἡμν pour ἡμῖν (2,1) et la lettre ν est souvent absente devant un τ; il écrit aussi ἀνατη pour ἀναβάτῃ (3,12), παρέξ pour παρέξει (7,2). Ailleurs il ajoute une lettre ou une syllabe, ἱποπάζηται pour ἱππάζηται (11,7), ὁρμαμάτω pour ὁρμάτω (7,17); il intervertit les lettres, écrit ὔοτω pour οὕτω (8,12), βαίζεσθαι et βαιζόμενον pour βιάζεσθαι et βιαζόμενον (1,8 et 9,5) et coupe mal des mots, écrivant εἶσι δήρω pour εἰ σιδήρῳ (5,6). Enfin, pour ne pas allonger la liste, ajoutons simplement que l'on trouve sous sa plume de longs mots qui n'ont aucune existence en grec, ἀρκωστία, là où Xénophon écrit ἀρρωστία (4,2), ἀφάλλοιτο au lieu du σφάλλοιτο d'origine (7,7), ἀξιοτέκτον au lieu de ἀξιοθέατον (11,10), ἐπιβαιλλεύειν au lieu de ἐπιβουλεύειν (5,3).

Pourtant ces fautes grossières, qu'il serait sans intérêt de mentionner dans l'apparat, n'empêchent pas le manuscrit A d'être celui dont on ne saurait se passer car, ains, qu'on le voit par le stemma justement établi par Widdrai et reproduit ci-dessous, il représente un état ancien du texte :

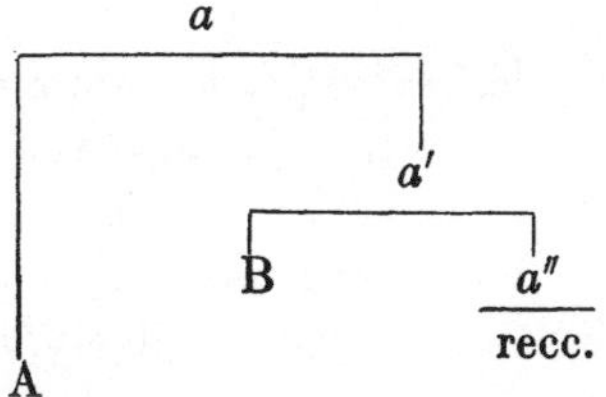


Ainsi qu'il apparaîtra dans l'apparat critique, A est très souvent le seul manuscrit à donner la bonne leçon, et très souvent confirme une leçon de B. Tout en étant un recentior, loin de mériter le nom de deterior, c'est lui qui rend les plus grands services au texte.

A côté de lui, mais après lui bien que plus vieux de trois siècles, figure le manuscrit B, le Vaticanus Graecus 989. En effet, s'il est utile, il ne l'est guère que dans la mesure où il confirme une leçon de A ou des recentiores. Il omet parfois un ou plusieurs mots, partage des fautes avec A ou avec un ou plusieurs recentiores, ce qui ne l'empêche pas de présenter des fautes qui lui sont particulières. Exceptionnellement il offre la bonne leçon, comme en 4,4, où il est le seul à écrire καρτερύνοι au lieu de κρατερύνει, κατευρύνοι, κατειρύνοι, κατευρύει des autres manuscrits, et des formes καρτερύνει ou κρατύνει de Pollux, 1,201.

Des remarques précédentes découlent les principes adoptés pour la rédaction de l'apparat [1]. Les leçons de A et de B, les deux manuscrits principaux, sont données par principe. Quant aux recentiores — autres que A naturellement — ils n'apparaissent pas lorsqu'ils sont d'accord avec B, puisqu'ils ont une source commune. Si la leçon de B, adoptée ou rejetée, est dotée du seul sigle B et que l'unité critique ne mentionne aucun recentior, c'est que les recentiores sont d'accord avec B. Ne sont pas mentionnées non plus, en face de A et B admis, les fautes certaines particulières aux recentiores, non plus que les omissions, additions, fautes à peu près certaines et variantes sans intérêt d'un recentior, ou de plusieurs, ou de tous.

En revanche, les recentiores figurent dans l'apparat lorsque l'un, ou plusieurs, ou la plupart, ou tous, présentent la leçon adoptée, ou la leçon rejetée mais soutenable, ou lorsqu'ils comblent tous une lacune de A et B. Il va de soi qu'en face de la leçon de plerique adoptée, il est inutile d'écrire aliquot, et inversement.

La tradition indirecte [2] ne donne pas grand chose pour l'*Art équestre*, bien que les lexicographes et hippiatriques y aient puisé; mais ils n'ont pas eu de bons textes sous les yeux. Seul Pollux peut aider dans quelques passages délicats.

En 1,11, il aide Courier à trouver le mot ῥάχις, qui

1. J'ai collationné intégralement A et B sur photographie et microfilm, non sans constater que la lecture de Widdra était irréprochable, sauf en trois endroits : 3, 1, où B écrit πεπαιδεῦσθαι et non πεπαιδεῦθαι (faute peut-être typographique, comme en 10, 6 où il faut lire dans son apparat ἃ et non ἅ) ; 9, 10, où A donne προσφέρει ; 11, 13, où B donne τρέφει.

2. Sur les citations de Xénophon, voir — sans adopter toutes ses conclusions — A. W. Persson, *Zur Textgeschichte Xenophons*, Acta Universitatis Lundensis (nova series), X, 1914, p. 152-fin.

permet de combler une lacune des manuscrits. En 5,1, il permet de corriger **φορβιᾶς** en **φορβειᾶς** et en 5,3, le **καλίστραν** des manuscrits en **κυλίστραν**. En 5,2 (voir la note), il aide à comprendre le double sens du mot **κόπρος** et par suite le conseil de Xénophon sur le nettoyage quotidien de l'écurie.

Mais les éditeurs modernes recourent trop à lui, sans se rendre compte qu'il recueille une foule de mots qu'il n'a pas compris. En 4,2, sur tout le passage, il reproduit les mots importants employés par Xénophon sans avoir saisi leur vrai sens. En 5,5, il explique de travers le **ἀνίσταντα** du texte. En 7,12, il n'explique pas le mot **ἐπισκέλισις** qui fait difficulté. En 5,8, ses affirmations sur les raisons qui poussent les juments à dédaigner les ânes sont sans valeur. En 11,12, il confond **φρύαγμα** et **φύσημα**, qui pourtant désignent deux bruits distincts (voir la note). En 10,7, il n'a rien compris à l'ensemble du passage, et c'est plus grave : le mot **τὰ κατατείνοντα** désigne en réalité les « montants de bride », et le verbe **κατακηροῦν**, qu'il a le tort d'employer, conduit Kl. Widdra à faire une conjecture erronée, car il est douteux que les Grecs aient jamais enduit de cire leurs mors.

***Édition et méthode.***

Les éditions antérieures relativement récentes, et importantes parce qu'elles ont fait faire des progrès au texte et souvent parce que les notes rendent des services, sont les suivantes :

— Paul-Louis Courier, *Du Commandant de la cavalerie et de l'équitation, deux livres de Xénophon traduits par un officier d'artillerie*, Paris, 1813.

— J. G. Schneider, *Xenophontis quae extant*, t. VI, Leipzig, 1815.

— L. Dindorf, *Xenophontis opuscula...*, Oxford, 1866.

— G. Pierleoni, *Xenophontis opuscula*, Rome, 1re éd., 1906.

— F. Ruehl, *Xenophontis scripta minora*, Leipzig, 1912.

— E. C. Marchant, *Xenophontis opera omnia*, t. V, Opuscula, Oxford, 1re éd., 1920.

— Ed. Delebecque, *Xénophon*, *De l'art équestre*, texte et traduction avec une introduction et des notes, Belles Lettres, 1950.

— Kl. Widdra, *Xenophontis De Re Equestri*, Teubner, 1964.

— Kl. Widdra, *Xenophon*, *Reitkunst*, griechisch und deutsch, Akademie Verlag, Berlin, 1965.

Toutes ces éditions ont leurs qualités et sont diversement utiles. On aura vu que l'une était du présent auteur. Mais elle n'est plus à jour parce que, au moment où elle fut préparée, on ne disposait pas de tous les outils de travail ni des documents figurés nécessaires. Thèse complémentaire, elle a vieilli surtout sur quelques points particuliers depuis la thèse principale de Paul Vigneron, *Le cheval dans l'Antiquité gréco-romaine*, Nancy, 1968, dont le second tome réunit 346 illustrations de grande valeur, parce qu'elles constituent comme un « musée du cheval antique ». Elles sont utilement complétées ou précisées par les excellentes reproductions du livre de J. K. Anderson, *Ancient Greek Horsemanship*, University of California Press, 1961.

Toutes ces images sont précieuses, notamment celles qui aident à concevoir ce que pouvaient être le mors et l'enrênement des chevaux grecs à l'époque de Xénophon. Mais elles ne sauraient remplacer la pratique de l'équitation pour comprendre un livre écrit par un cavalier. Aussi a-t-on cru bon ici de mettre toujours le texte grec en face de la réalité là où elle est immuable et de saisir la nudité des choses sous le costume des mots. On peut se donner l'illusion d'une telle méthode en mettant côte à côte l'*Art équestre* et un traité d'équitation complété par un manuel d'hippologie. Mais on ne confrontera ainsi que des mots entre eux, et non des mots avec des faits ou des choses. Le travail doit se faire moins en bibliothèque ou en chambre qu'à l'écurie, au manège, sur la carrière, en pleine campagne, tantôt à côté d'un cheval, tantôt sur lui. Dès lors beaucoup de passages s'expliquent d'eux-mêmes, et l'on constatera que bon nombre de conjectures sont inutiles et que le texte des manuscrits est souvent seul à offrir un sens satisfaisant, le vrai sens.

En matière de vocabulaire, l'examen des réalités permet ainsi de donner leur véritable signification à des mots mal compris : **κνήμη** désigne le canon, **κρισσός** une sorte de tare molle, **τράχηλος** le haut de l'encolure, **σιαγών** les ganaches, **ἰσχία** la croupe *et* les hanches, **γραμμή** un sillon musculaire, **κεκρύφαλος** le frontal, **κόνις** non pas la poussière mais la crasse du cheval, **φύσημα** l'ébrouement, **κριθίασις** la fourbure. L'expression **μεταβάλλεσθαι τὴν ἱππασίαν** que Xénophon emploie deux fois, désigne le travail aux deux mains.

Plus encore que des mots, la présence d'un cheval permettra de comprendre des actes. Ainsi, en 1,8, le passage n'est clair que si l'on se met à la place même du cavalier à cheval; on sait alors où se trouve exactement la tête de la monture et ce qu'elle masque de chemin à l'œil du cavalier en selle.

En 4,3, le sol des écuries durcit le sabot des chevaux *même arrêtés*, parce que le cheval attaché devant sa mangeoire ne reste jamais immobile.

En 5,5, il faut avoir pratiqué le pansage pour comprendre le geste du palefrenier qui relève d'abord le poil avec la brosse douce *avant* de chasser la crasse dans le sens du poil.

En 6,5, il faut avoir conduit un cheval en main pour se rendre compte que la chose est impossible si la longe est longue, et le fait peut éclairer le sens du mot **ἀγωγεύς** qui s'oppose à **ῥυταγωγεύς**.

En 7,1 et suiv., la tenue des rênes pour sauter à cheval et la façon de poser les mains sur l'encolure ou sur le garrot ne peuvent s'expliquer que si l'on a soi-même sauté à cheval de la manière, encore usuelle, préconisée par Xénophon.

En 7,8, tout cavalier ayant blessé au sommet des cuisses pour avoir eu des plis mal placés dans ses vêtements comprendra, même s'il n'est pas helléniste, le sens du verbe ὑποσπᾶν.

En 7,11, il suffit de connaître le mécanisme du galop pour s'apercevoir qu'afin de partir au galop du pied gauche, comme le dit Xénophon, le cheval doit s'enlever sur le pied droit.

En 7,18, la recommandation de Xénophon de ne pas diriger son cheval sur un groupe de chevaux rappellera des souvenirs à tout cavalier qui a été « emmené » par sa monture, ou qui a eu toutes les peines du monde à « sortir du rang ».

En 10, 7, le passage, le plus obscur, peut-être, en apparence, du livre entier, devient limpide si l'on a eu l'occasion, en mettant un nouveau mors à un cheval, de régler la longueur des montants de bride.

En un mot, il suffit souvent de rejeter les corrections apportées au texte grec, de s'en tenir à la leçon des manuscrits, et toujours de prendre un cheval, de le brider, de le monter, puis, une fois que l'on a mis pied à terre, de le mener à l'abreuvoir, de le panser et de le rentrer à l'écurie : l'*Art équestre* prend alors tout l'essentiel de sa clarté.

Il reste quelques difficultés de vocabulaire, notamment sur le problème du mors. On s'est efforcé de les éclaircir dans l'appendice et par l'image. Le lexique « technique » permet de préciser le sens de plusieurs mots; mais il est difficile de distinguer dans quel cas un mot de la langue courante est pris dans un sens technique, car une langue spéciale n'était pas entièrement fondée au temps de Xénophon; et celui-ci, de surcroît, se donne pour un amateur. Le vocabulaire est cependant quelquefois incontestablement spécialisé; mais il est en général difficile à rendre parce qu'il est tantôt plus riche en grec et tantôt plus pauvre qu'en français. On a respecté les périphrases de l'auteur même là où le mot précis existe dans notre langue, et tâché de ne pas heurter à l'excès les usages de la langue hippique française.

Enfin les notes ont un double objet, contradictoire en soi : expliquer les habitudes grecques à des cavaliers, faire comprendre les principes de l'équitation aux hellénistes. Aussi risquent-elles de ne satisfaire ni les uns ni les autres, car il les faudrait plus abondantes et plus nourries pour mettre sur les i tous les points.

*
* *

Avant de passer la parole à Xénophon, c'est pour moi un devoir agréable d'exprimer ma très vive gratitude à mes collègues M. Jean Irigoin, dont la science et la patience sont inépuisables sur toutes les questions intéressant les manuscrits, et M. Lucien Pernée, mon réviseur, à qui je dois les plus précieuses et les plus attentives des remarques. Je dois encore évoquer le souvenir de mon ami M. André Monteilhet, historien du cheval, des écoles et des maîtres de la cavalerie, prématurément disparu en mars 1977; son obligeante compétence a été souvent mise ici à contribution. Je remercie enfin le P. Eloi d'avoir fait, sous ma responsabilité, le trait des figures.

# SIGLA

A = Vindobonensis phil. gr. 37 (f$^{os}$ 138 r-148 r), s. XVI.
B = Vaticanus gr. 989, s. XIII.
recc. = recentiores, inter quos semel aut raro nominantur, quoties lectionem praebent quae bona aut probanda judicari potest :

M = Marcianus gr. 511, s. XIII.
F = Laurentianus LXXX 13, s. XIV.
G = Laurentianus LV 21, s. XIV.
E = Laurentianus LV 22, s. XIV.
L = Lipsiensis Bibl. Sen. gr. IX, s. XIV.
O = Oxoniensis Bodleianus Canonicianus gr. 39, s. XV.
Ma = Marcianus gr. 368, s. XV.
D = Vaticanus gr. 1334, s. XV.
N = Parisinus gr. 1643, s. XV.
R = Vindobonensis phil. gr. 37 (f$^{os}$ 18 v-28 v), s. XVI.

codd. = AB recentiores.

# DE L'ART ÉQUESTRE

## I

1 Comme il nous est arrivé de pratiquer de longues années l'équitation et que nous estimons avoir acquis par là de l'expérience en art équestre, nous voulons indiquer jusqu'aux plus jeunes de nos amis la façon dont nous croyons qu'ils peuvent traiter le plus correctement les chevaux. De fait, il y a aussi un livre de l'art équestre, composé par ce Simon [1] qui non seulement consacra en bronze le cheval proche de l'Eleusinion à Athènes [2], mais sculpta ses propres exploits en relief sur le socle. Quant à nous, toutes les questions sur lesquelles nous nous sommes trouvés de son avis, nous ne les éliminons pas de notre œuvre, mais nous n'en aurons que plus de plaisir à les livrer à nos amis, les croyant davantage dignes de foi si ce personnage, lui aussi, en homme de cheval, a donné son avis selon les mêmes principes que nous; et les questions qu'il a omises, nous tâcherons, pour notre part, de les exposer toutes.

Nous commencerons par écrire le moyen d'éviter au mieux la tromperie [3] dans l'acquisition d'un cheval. Donc, pour le poulain non débourré [4], c'est du corps, évidemment, qu'il faut faire l'examen; car celui qu'on ne monte pas encore ne donne pas, de son caractère, des signes absolument sûrs.

2 Pour le corps, nous affirmons qu'il faut d'abord observer les pieds [5]. Une maison ne serait bonne à rien si elle avait les parties hautes magnifiques sans que les soubassements fussent disposés comme il sied; de même un cheval d'armes ne serait bon à rien, fût-il plein de

1-5. *Notes complémentaires*, p. 129.

# ΠΕΡΙ ΙΠΠΙΚΗΣ

## I

1 Ἐπειδὴ διὰ τὸ συμβῆναι ἡμῖν πολὺν χρόνον ἱππεύειν οἰόμεθα ἔμπειροι ἱππικῆς γεγενῆσθαι, βουλόμεθα καὶ τοῖς νεωτέροις τῶν φίλων δηλῶσαι ᾗ ἂν νομίζομεν αὐτοὺς ὀρθότατα ἵπποις προσφέρεσθαι. Συνέγραψε μὲν οὖν καὶ Σίμων περὶ ἱππικῆς, ὃς καὶ τὸν κατὰ τὸ Ἐλευσίνιον Ἀθήνησιν ἵππον χαλκοῦν ἀνέθηκε καὶ ἐν τῷ βάθρῳ τὰ ἑαυτοῦ ἔργα ἐξετύπωσεν· ἡμεῖς γε μέντοι ὅσοις συνετύχομεν ταὐτὰ γνόντες ἐκείνῳ, οὐκ ἐξαλείφομεν ἐκ τῶν ἡμετέρων, ἀλλὰ πολὺ ἥδιον παραδώσομεν αὐτὰ τοῖς φίλοις, νομίζοντες ἀξιοπιστότερα εἶναι, ὅτι κἀκεῖνος κατὰ ταὐτὰ ἡμῖν ἔγνω ἱππικὸς ὤν· καὶ ὅσα δὴ παρέλιπεν, ἡμεῖς πειρασόμεθα δηλῶσαι. Πρῶτον δὲ γράψομεν ὡς ἂν τις ἥκιστα ἐξαπατῷτο ἐν ἱππωνίᾳ. Τοῦ μὲν τοίνυν ἀδαμάστου πώλου δῆλον ὅτι τὸ σῶμα δεῖ δοκιμάζειν· τῆς γὰρ ψυχῆς οὐ πάνυ σαφῆ τεκμήρια παρέχεται ὁ μήπω ἀναβαινόμενος.

2 Τοῦ γε μὴν σώματος πρῶτόν φαμεν χρῆναι τοὺς πόδας σκοπεῖν. Ὥσπερ γὰρ οἰκίας οὐδὲν ὄφελος ἂν εἴη, εἰ τὰ ἄνω πάνυ καλὰ ἔχοι, μὴ ὑποκειμένων οἵων δεῖ θεμελίων, οὕτω καὶ ἵππου πολεμιστηρίου οὐδὲν

**1** 3 νομίζομεν A : -ζωμεν B ‖ 5 Σίμων om. A ‖ τὸ om. A ‖ 7 γε B : τε A ‖ 10 ἀξιοπιστότερα AB : -τεροι aut- τερον recc. ‖ 11 ταὐτὰ om. A ‖ 12 ὅσα B : ὅσον A ‖ 13 ἐξαπατῷτο B : -απατῶ A ‖ 14 ἱππωνίᾳ Dindorf : -νείᾳ codd. ut semper ‖ ante ἀδαμάστου add. ἔτι recc. ‖ **2** 3 πάνυ om. A.

qualités dans tout le reste, s'il avait en revanche de mauvais pieds; il ne pourrait pas tirer parti de ses qualités.

3 Pour faire l'examen des pieds, on observe d'abord la corne, car les cornes épaisses l'emportent de beaucoup sur les minces pour la bonté du pied. Il faut bien voir ensuite si les sabots sont hauts ou bas, par devant comme par derrière [1]. Car les sabots hauts maintiennent loin du sol ce qu'on appelle la fourchette, et les sabots bas font porter également la partie la plus forte et la plus molle du pied, comme chez les hommes cagneux; c'est au son, d'après Simon, que l'on reconnaît la bonté du pied, et il a raison; car le sabot creux résonne comme une cymbale au contact du sol.

4 Puisque c'est de là que nous sommes partis, nous allons comme cela monter [2] sur le reste du corps. Il faut que les os au-dessus du sabot et au-dessous des boulets [3] ne soient ni trop droits, comme chez la chèvre — faisant trop de rebonds, ils secouent le cavalier et les membres ainsi conformés chauffent [4] à l'excès — ni non plus trop inclinés, car les boulets perdraient leurs poils et auraient des plaies, le cheval marchant dans les mottes ou dans les cailloux.

5 Les os du canon [5] doivent être épais — car ce sont là les soutiens du corps — mais non pas épais en veines ni en chairs; sinon, quand le cheval marche en terrain dur, il est forcé qu'ils se remplissent de sang, que se forment des varices, que le membre gonfle et que la peau se distende. Celle-ci se décollant, souvent aussi le péroné [6], qui s'est distendu, rend le cheval boiteux.

6 Si, en marchant, le jeune cheval plie souplement

1. Même distinction, aujourd'hui, entre sabots « droits » et « plats », entre pieds « à talons hauts » et « à talons bas », qui déterminent l'aisance et la souplesse des allures.

2. Xén. joue sur les sens du verbe « monter »; voir ἀναβαίνω au lexique.

3. C'est-à-dire les pâturons. Xén. ignore-t-il le mot μεσοκύνιον? Le fait est qu'il évite quelquefois le terme technique, peut-être parce qu'il se donne pour un amateur (cf. 12, 14).

4-6. *Notes complémentaires*, p. 129-130.

ἂν ὄφελος εἴη, οὐδ' εἰ τἆλλα πάντα ἀγαθὰ ἔχοι, κακόπους δ' εἴη· οὐδενὶ γὰρ ἂν δύναιτο τῶν ἀγαθῶν χρῆσθαι.

3 Πόδας δ' ἄν τις δοκιμάζοι πρῶτον μὲν τοὺς ὄνυχας σκοπῶν· οἱ γὰρ παχεῖς πολὺ τῶν λεπτῶν διαφέρουσιν εἰς εὐποδίαν. Ἔπειτα οὐδὲ τοῦτο δεῖ λανθάνειν, πότερον αἱ ὁπλαί εἰσιν ὑψηλαὶ ἢ ταπειναὶ καὶ ἔμπροσθεν καὶ ὄπισθεν· αἱ μὲν γὰρ ὑψηλαὶ πόρρω ἀπὸ τοῦ δαπέδου ἔχουσι τὴν χελιδόνα καλουμένην, αἱ δὲ ταπειναὶ ὁμοίως βαίνουσι τῷ τε ἰσχυροτάτῳ καὶ τῷ μαλακωτάτῳ τοῦ ποδός, ὥσπερ οἱ βλαισοὶ τῶν ἀνθρώπων· καὶ τῷ ψόφῳ δ' ἔφη Σίμων δήλους εἶναι τοὺς εὔποδας, καλῶς λέγων· ὥσπερ γὰρ κύμβαλον ψοφεῖ πρὸς τῷ δαπέδῳ ἡ κοίλη ὁπλή.

4 Ἐπεὶ δὲ ἠρξάμεθα ἐντεῦθεν, ταύτῃ καὶ ἀναβησόμεθα πρὸς τὸ ἄλλο σῶμα. Δεῖ τοίνυν καὶ τὰ ἀνωτέρω μὲν τῶν ὁπλῶν κατωτέρω δὲ τῶν κυνηπόδων ὀστᾶ μήτε ἄγαν ὀρθὰ εἶναι ὥσπερ αἰγός — ἀντιτυπώτερα γὰρ ὄντα κόπτει τε τὸν ἀναβάτην καὶ παραπίμπραται μᾶλλον τὰ τοιαῦτα σκέλη — οὐδὲ μὴν ἄγαν ταπεινὰ τὰ ὀστᾶ δεῖ εἶναι· ψιλοῖντο γὰρ ἂν καὶ ἑλκοῖντο οἱ κυνήποδες εἴτ' ἐν βώλοις εἴτ' ἐν λίθοις ἐλαύνοιτο ὁ ἵππος.

5 Τῶν γε μὴν κνημῶν τὰ ὀστᾶ παχέα χρὴ εἶναι — ταῦτα γάρ ἐστι στήριγγες τοῦ σώματος — οὐ μέντοι φλεψί γε οὐδὲ σαρξὶ παχέα· εἰ δὲ μή, ὅταν ἐν σκληροῖς ἐλαύνηται, ἀνάγκη αἵματος ταῦτα πληροῦσθαι καὶ κρισσοὺς γίγνεσθαι, καὶ παχύνεσθαι μὲν τὰ σκέλη, ἀφίστασθαι δὲ τὸ δέρμα. Χαλῶντος δὲ τούτου πολλάκις καὶ ἡ περόνη ἀποστᾶσα χωλὸν ἀπέδειξε τὸν ἵππον.

6 Τά γε μὴν γόνατα ἢν βαδίζων ὁ πῶλος ὑγρῶς

**3** 4 ἢ ταπειναὶ del. Schneider ‖ 5 post ὄπισθεν add. ἢ χαμηλαί B recc. ‖ 9 ἔφη AB : φησι recc. ‖ **5** 3 παχέα Courier : παχείαις codd. ‖ 5 κρισσοὺς AB : κρείσσους recc.

les genoux, on peut en inférer qu'au travail aussi il aura les membres souples; tous, avec le temps, plient du genou avec une croissante souplesse. Et l'on a raison d'estimer les membres souples : ils donnent un cheval moins sujet à broncher et secouant moins que celui dont les membres sont raides.

7 Et puis les cuisses de dessous les épaules [1], si elles sont épaisses, elles apparaissent plus puissantes et plus élégantes, comme chez l'homme.

Le poitrail, plus il est ouvert et mieux il est constitué pour la beauté, pour la puissance, pour un port de membres sans risque de croisement [2], mais avec un bon écart.

8 En partant du poitrail, l'encolure ne doit pas être tombante comme chez le sanglier mais, comme chez le coq, venir en se redressant vers la nuque tout en étant flexible à la jointure [3], et la tête, osseuse, doit avoir les ganaches [4] petites. Alors, c'est le haut de l'encolure que le cavalier a devant soi et son œil peut voir en avant des pieds [5]. Un cheval ayant cette attitude, fût-il tout à fait nerveux, a les plus grandes difficultés pour prendre la main [6]; car ce n'est pas en fléchissant le haut de l'encolure et la tête, mais en les raidissant, que les chevaux essayent de prendre la main.

9 Il convient d'observer encore si les barres sont toutes les deux sensibles ou dures ou inégales. Car en général ceux qui ont les barres dissemblables prennent ce défaut des barres inégales [7].

L'œil à fleur de tête donne l'air plus vif que l'œil enfoncé et agrandit ainsi le champ visuel.

10 Les naseaux ouverts, en outre, sont meilleurs pour le souffle que les naseaux resserrés et sont un indice de

1. C'est-à-dire le bras et l'avant-bras. Comme pour les pâturons, Xén. évite le terme technique. Par cette expression inusuelle, il veut opposer d'abord μηροί, partie supérieure du membre, à κνήμη, partie inférieure (le « canon »), ensuite les « cuisses de dessous les épaules » (antérieurs) aux « cuisses de dessous la queue » (postérieurs), 1, 14. Il croit naïvement, comme beaucoup, que le cheval a quatre jambes, et non quatre membres.

2-7. *Notes complémentaires*, p. 130.

κάμπτῃ, εἰκάζοις ἂν καὶ ἱππεύοντα ὑγρὰ ἕξειν τὰ σκέλη· πάντες γὰρ προϊόντος τοῦ χρόνου ὑγροτέρως κάμπτουσιν ἐν τοῖς γόνασι. Τὰ δὲ ὑγρὰ δικαίως εὐδοκιμεῖ· ἀπταιστότερον γὰρ καὶ ἀκοπώτερον τὸν ἵππον τῶν σκληρῶν σκελῶν παρέχει.

7 Μηροί γε μέντοι οἱ ὑπὸ ταῖς ὠμοπλάταις ἢν παχεῖς ὦσιν, ἰσχυρότεροί τε καὶ εὐπρεπέστεροι ὥσπερ ἀνδρὸς φαίνονται.

Καὶ μὴν στέρνα πλατύτερα ὄντα καὶ πρὸς κάλλος καὶ πρὸς ἰσχὺν καὶ πρὸς τὸ μὴ ἐπαλλὰξ, ἀλλὰ διὰ πολλοῦ τὰ σκέλη φέρειν εὐφυέστερα.

8 Ἀπό γε μὴν τοῦ στέρνου ὁ μὲν αὐχὴν αὐτοῦ μὴ ὥσπερ κάπρου προπετὴς πεφύκοι, ἀλλ' ὥσπερ ἀλεκτρυόνος ὀρθὸς πρὸς τὴν κορυφὴν ἥκοι, λαγαρὸς δὲ εἴη τὰ κατὰ τὴν συγκαμπήν, ἡ δὲ κεφαλὴ ὀστώδης οὖσα μικρὰν σιαγόνα ἔχοι. Οὕτως ὁ μὲν τράχηλος πρὸ τοῦ ἀναβάτου ἂν εἴη, τὸ δὲ ὄμμα πρὸ τῶν ποδῶν ὁρῴη. Καὶ βιάζεσθαι δὲ ἥκιστ' ἂν δύναιτο ὁ τοιοῦτον σχῆμα ἔχων καὶ εἰ πάνυ θυμοειδὴς εἴη· οὐ γὰρ ἐγκάμπτοντες ἀλλ' ἐκτείνοντες τὸν τράχηλον καὶ τὴν κεφαλὴν βιάζεσθαι οἱ ἵπποι ἐπιχειροῦσιν.

9 Σκοπεῖν δὲ χρὴ καὶ εἰ ἀμφότεραι μαλακαὶ αἱ γνάθοι ἢ σκληραὶ ἢ ἕτεραι. Ἑτερόγναθοι γὰρ ὡς τὰ πολλὰ οἱ μὴ ὁμοίας τὰς γνάθους ἔχοντες γίγνονται.

Καὶ μὴν τὸ ἐξόφθαλμον εἶναι ἐγρηγορὸς μᾶλλον φαίνεται τοῦ κοιλοφθάλμου, καὶ ἐπὶ πλεῖον δ' ἂν ὁ τοιοῦτος ὁρῴη.

10 Καὶ μυκτῆρές γε οἱ ἀναπεπταμένοι τῶν συμπεπτωκότων εὐπνοώτεροί τε ἅμα εἰσὶ καὶ γοργότερον τὸν

**8** 5 post μικρὰν add. συνεσταλμένην Schneider ex Ath. *Deipn.* III, p. 94 e-f ‖ 6 δὲ AD : om. cett. ‖ post ὄμμα add. τὰ Weiske ‖ **9** 1 εἰ om. A ‖ 2 σκληραὶ ἢ ἕτεραι codd. : σκληραὶ ἢ ἡ ἑτέρα coni. Schneider ἡ ἑτέρα Marchant.

fougue. En effet lorsqu'un cheval se met en colère contre un cheval, ou s'énerve au cours du travail, il dilate les naseaux.

**11** Une nuque plutôt large, des oreilles plutôt petites donnent des signes caractéristiques de la tête chevaline [1]. De son côté, un garrot élevé fournit au cavalier une assiette plus sûre ainsi qu'une adhérence plus solide aux épaules et au corps du cheval [2]. Un dos qui est double donne un siège plus doux que le dos tranchant [3], et un plus joli coup d'œil.

**12** Et des côtes plutôt profondes et assez renflées vers l'estomac font en général le cheval à la fois plus agréable pour l'assiette, plus puissant, et plus aisé à nourrir [4]. Le rein [5], plus il est large et court, et plus le cheval enlève aisément les antérieurs, avance aisément aussi les postérieurs; et ainsi le ventre [6] apparaît très petit, alors que, s'il est grand, il dépare en partie le cheval, et en partie le fait plus faible et plus lourd en soi.

**13** La croupe et les hanches [7] doivent être larges et charnues afin d'être en harmonie avec les côtes et le poitrail; et si elles sont parfaitement fermes, elles seront plus légères pour la course et font le cheval en soi plus rapide.

**14** Les cuisses de dessous la queue, si en même temps il les a limitées par un large sillon [8], il engagera fortement les postérieurs; et ce faisant il aura à la fois plus de fougue et de puissance dans ses aplombs et au travail, et il se

1. Le cheval aux oreilles trop longues est dit « mal coiffé », ou « oreillard », et ressemble à un mulet.

2. Il est indispensable de conserver le texte des manuscrits et de garder le mot « corps ». L'adhérence se réalise par le contact des fesses, cuisses, mollets (et des genoux dans une certaine mesure) avec le *corps* du cheval. La bonne position du cavalier à cheval est favorisée par les qualités du garrot.

3. Le développement des parties charnues du dos procure une assiette agréable. « Quand le dos est étroit et que la crête osseuse fait saillie sur les muscles, on le dit *tranchant*; quand, au contraire, cette crête est noyée dans le relief formé de chaque côté par les parties charnues, on le dit *double* » (*Hippologie*, p. 45). Un dos tranchant cause des blessures au cavalier.

4-8. *Notes complémentaires*, p. 130-131.

ἵππον ἀποδεικνύουσιν. Καὶ γὰρ ὅταν ὀργίζηται ἵππος ἵππῳ ἢ ἐν ἱππασίᾳ θυμῶται, εὐρύνει μᾶλλον τοὺς μυκτῆρας.

11 Καὶ μὴν κορυφὴ μὲν μείζων, ὦτα δὲ μικρότερα ἱππωδεστέραν τὴν κεφαλὴν ἀποφαίνει.

Ἡ δ' αὖ ὑψηλὴ ἀκρωμία τῷ τε ἀναβάτῃ ἀσφαλεστέραν τὴν ἕδραν καὶ τοῖς ὤμοις καὶ τῷ σώματι ἰσχυροτέραν τὴν πρόσφυσιν παρέχεται.

⟨Ῥάχις γε μὴν⟩ ἡ διπλῆ τῆς ἁπλῆς καὶ ἐγκαθῆσθαι μαλακωτέρα καὶ ἰδεῖν ἡδίων.

12 Καὶ πλευρὰ δὲ ἡ βαθυτέρα καὶ πρὸς τὴν γαστέρα ὀγκωδεστέρα ἅμα εὐεδρότερόν τε καὶ ἰσχυρότερον καὶ εὐχιλότερον ὡς ἐπὶ πολὺ τὸν ἵππον παρέχεται.

Ὀσφύς γε μὴν ὅσῳ ἂν πλατυτέρα τε καὶ βραχυτέρα ᾖ, τοσούτῳ ῥᾷον μὲν ὁ ἵππος τὰ πρόσθεν αἴρεται, ῥᾷον δὲ τὰ ὄπισθεν προσάγεται· καὶ ὁ κενεὼν δὲ οὕτω μικρότατος φαίνεται, ὅσπερ μέγας ὢν μέρος μέν τι καὶ αἰσχύνει, μέρος δέ τι καὶ ἀσθενέστερον καὶ δυσφορώτερον αὐτὸν τὸν ἵππον παρέχεται.

13 Τά γε μὴν ἰσχία πλατέα εἶναι μὲν χρὴ καὶ εὔσαρκα, ἵνα ἀκόλουθα ᾖ ταῖς πλευραῖς καὶ τοῖς στέρνοις· ἢν δὲ πάντα στερεὰ ᾖ, κουφότερα ἂν τὰ πρὸς τὸν δρόμον εἴη καὶ ὀξύτερον μᾶλλον αὐτὸν τὸν ἵππον παρέχεται.

14 Μηρούς γε μὴν τοὺς ὑπὸ τῇ οὐρᾷ ἢν ἅμα πλατείᾳ τῇ γραμμῇ διωρισμένους ἔχῃ, οὕτω καὶ τὰ ὄπισθεν σκέλη διὰ πολλοῦ ὑποθήσει· τοῦτο δὲ ποιῶν ἅμα γοργοτέραν τε καὶ ἰσχυροτέραν ἕξει τὴν ὑπόβασίν τε καὶ

**11** 4 καὶ τῷ σώματι del. Schneider uide adn. ‖ 6 Ῥάχις γε μὴν add. Courier e Polluce 1, 190 et *Geop*. 16, 1, 9 ‖ **12** 1 ἡ om. A ‖ 3 εὐχιλότερον D : -χιλώτερον AB -χειλότερον cett. ‖ 7 ὅσπερ recc. plerique : ὥσπερ AB ‖ μέν τι B : μέν τοι A ‖ 8 αὐτὸν τὸν codd. : αὖ τὸν coni. Sauppe ‖ **13** 1 εἶναι post μὲν transp. Hermann ‖ 4 αὐτὸν τὸν AO : αὐτὸν B αὖ τὸν recc. cett. ἂν τὸν coni. Dindorf ‖ παρέχεται AB : -έχοιτο recc.

surpassera en tout. Les hommes peuvent en fournir une preuve : lorsqu'ils veulent soulever de terre un objet, c'est toujours en se campant sur les jambes plus qu'en les tenant serrées qu'ils essayent de le soulever.

**15** Les testicules [1] ne doivent pas être grands chez le cheval, chose qu'il est impossible de distinguer chez le poulain.

Pour l'arrière-main nous faisons, sur les jarrets, canons, boulets, sabots, exactement les mêmes observations que pour l'avant-main.

**16** Je veux écrire encore grâce à quels signes on a le moins de chances de faire erreur sur la taille [2] du cheval. Celui qui a les jambes les plus longues [3] à la naissance devient le plus grand. Les jambes, en effet, chez tous les quadrupèdes, ne s'allongent guère avec le temps, mais c'est le reste du corps qui grandit avec ensemble de manière à se proportionner avec elles.

**17** En procédant ainsi à l'examen de l'extérieur chez le jeune cheval on a le plus de chances, à notre avis, d'en trouver un doté de bons pieds, puissant, bien en chair, de belle allure et de bonne taille. Si quelques-uns se transforment en grandissant, ayons tout de même confiance en ces principes d'examen [4]; car s'il n'est pas rare que des chevaux laids prennent une belle robe [5], il est beaucoup plus rare que des chevaux tels que nous l'avons dit deviennent laids.

## II

**1** Je crois qu'il faut écrire comment dresser [6] les poulains. Sans doute, en effet, ceux qui sont astreints dans les

1. Les Grecs montaient des chevaux entiers.

2. En termes plus savants, les hippologies modernes ne font que répéter la remarque de Xén.; cf. *Hippologie*, p. 89; Jacoulet, N.E., p. 240.

3. Xén. dit « élevées », et l'adjectif fait image.

4. Il n'y a pas lieu de corriger le δοκιμάζοιμεν des manuscrits : on trouve déjà des optatifs de souhait en 1, 8; peut-être n'y a-t-il pas lieu d'ajouter ἄν en 11, 12.

5-6 *Notes complémentaires*, p. 131.

ἱππασίαν καὶ ἅπαντα βελτίων ἔσται ἑαυτοῦ. Τεκμήραιο δ' ἂν καὶ ἀπ' ἀνθρώπων· ὅταν γάρ τι ἀπὸ τῆς γῆς ἄρασθαι βούλωνται, διαβαίνοντες πάντες μᾶλλον ἢ συμβεβηκότες ἐπιχειροῦσιν αἴρεσθαι.

15 Τούς γε μὴν ὄρχεις δεῖ μὴ μεγάλους τὸν ἵππον ἔχειν, ὃ οὐκ ἔστι πώλου κατιδεῖν.

Περί γε μὴν τῶν κάτωθεν, ἀστραγάλων ἢ κνημῶν καὶ κυνηπόδων καὶ ὁπλῶν τὰ αὐτὰ λέγομεν ἅπερ περὶ τῶν ἔμπροσθεν.

16 Γράψαι δὲ βούλομαι καὶ ἐξ ὧν ἂν περὶ μεγέθους ἥκιστα ἀποτυγχάνοι τις. Ὅτου γὰρ ἂν ὦσιν αἱ κνῆμαι εὐθὺς γιγνομένου ὑψηλόταται, οὗτος μέγιστος γίγνεται. Προϊόντος γὰρ τοῦ χρόνου πάντων τῶν τετραπόδων αἱ μὲν κνῆμαι εἰς μέγεθος οὐ μάλα αὔξονται, πρὸς δὲ ταύτας ὡς ἂν συμμέτρως ἔχῃ συναύξεται καὶ τὸ ἄλλο σῶμα.

17 Εἶδος μὲν δὴ πώλου οὕτω δοκιμάζοντες μάλιστ' ἂν ἡμῖν δοκοῦσι τυγχάνειν εὔποδος καὶ ἰσχυροῦ καὶ εὐσάρκου καὶ εὐσχήμονος καὶ εὐμεγέθους. Εἰ δέ τινες αὐξανόμενοι μεταβάλλουσιν, ὅμως οὕτω θαρροῦντες δοκιμάζοιμεν· πολὺ γὰρ πλείονες εὐχρόαστοι ἐξ αἰσχρῶν ἢ ἐκ τοιούτων αἰσχροὶ γίγνονται.

## II

1 Ὅπως γε μὴν πωλεύειν δοκεῖ ἡμῖν γραπτέον εἶναι. Τάττονται μὲν γὰρ δὴ ἐν ταῖς πόλεσιν ἱππεύειν

**14** 5 βελτίων... ἑαυτοῦ A : βελτίω... ἑαυτῶν B ‖ **15** 4 περὶ om. B ‖ **16** 6 ἔχῃ B : ἔχοι A ‖ **17** 4 θαρροῦντες codd. : θαρρῶν τις coni. Marchant ‖ δοκιμάζοιμεν codd. : δοκιμάζωμεν coni. Richards δοκιμάζοιμεν ἂν Dindorf δοκιμάζοι ἂν Marchant uide adn. ‖ 5 εὐχρόαστοι codd. : εὔχρηστοι coni. Schneider εὔρωστοι Dindorf uide adn.

**1** 1 post μὴν add. δεῖ recc. ‖ ante δοκεῖ add. οὐ Cobet ‖ γραπτέον codd. : μὴ γραπτέον coni. Courier παρετέον Pierleoni.

États à pratiquer l'équitation, ce sont les hommes puissants par leur fortune et jouant le plus grand rôle dans la cité; plutôt que de faire métier de dresser les poulains, il est bien préférable [1], pour un jeune homme, de songer à sa propre formation physique et à l'art équestre ou, s'il s'y entend déjà, de s'exercer à faire du cheval; pour l'homme mûr, de songer à la maison familiale, aux amis, aux questions politiques et militaires, plutôt que de perdre son temps à des affaires de dressage.

2 Donc, celui qui pense comme moi sur le problème du dressage donnera évidemment le poulain à dresser. Il faut, toutefois, comme lorsqu'on donne l'esclave en apprentissage, ne le donner qu'en spécifiant par contrat ce qu'il devra savoir au retour. Ce sera le manuel et programme du dresseur, s'il veut toucher son salaire [2].

3 Il faut veiller, cependant, à lui donner un poulain qui soit doux, maniable et ami de l'homme. Ce résultat s'obtient en général à la maison, et par l'action du piqueur [3] s'il sait faire que le poulain connaisse la faim, la soif, les piqûres d'insectes quand il est seul, et qu'il tienne de l'homme nourriture, boisson, délivrance du harcèlement [4] des insectes. Dans ces conditions, il est forcé que le poulain ne se contente pas d'aimer les hommes, mais qu'il les désire.

4 Il convient aussi de le toucher aux endroits où la caresse lui est le plus agréable; ce sont les endroits les plus poilus et ceux où il a le plus de mal à se défendre si quelque chose l'agace.

5 Le piqueur sera encore chargé de le conduire à

1. L'infinitif εἶναι s'explique par l'influence prolongée de τάττονται.

2. Le « dresseur » n'est donc sans doute pas un esclave, mais un homme qui gagne sa vie à ce métier et ne prend pas le poulain chez lui.

3. On traduit ici ἱπποκόμος par « piqueur », et non « palefrenier »; car l'homme ne se contente pas de retourner la litière; il monte le jeune cheval; il est aussi, sans être armé, une sorte d'ordonnance pour son maître à la guerre.

4. *Notes complémentaires*, p. 131.

οἱ τοῖς χρήμασί τε ἱκανώτατοι καὶ τῆς πόλεως οὐκ ἐλάχιστον μετέχοντες· πολὺ δὲ κρεῖττον τοῦ πωλοδαμνεῖν εἶναι τῷ μὲν νέῳ εὐεξίας τε ἐπιμελεῖσθαι τῆς ἑαυτοῦ καὶ ἱππικῆς ἢ ἐπισταμένῳ ἤδη ἱππάζεσθαι μελετᾶν· τῷ δὲ πρεσβυτέρῳ τοῦ τε οἴκου καὶ τῶν φίλων καὶ τῶν πολιτικῶν καὶ τῶν πολεμικῶν μᾶλλον ἢ ἀμφὶ πώλευσιν διατρίβειν.

2 Ὁ μὲν δὴ ὥσπερ ἐγὼ γιγνώσκων περὶ πωλείας δῆλον ὅτι ἐκδώσει τὸν πῶλον. Χρὴ μέντοι ὥσπερ τὸν παῖδα ὅταν ἐπὶ τέχνην ἐκδῷ, συγγραψάμενον ἃ δεήσει ἐπιστάμενον ἀποδοῦναι οὕτως ἐκδιδόναι. Ταῦτα γὰρ ὑπομνήματα ἔσται τῷ πωλοδάμνῃ ὧν δεῖ ἐπιμεληθῆναι, εἰ μέλλει τὸν μισθὸν ἀπολήψεσθαι.

3 Ὅπως μέντοι πρᾷός τε καὶ χειροήθης καὶ φιλάνθρωπος ὁ πῶλος ἐκδιδῶται τῷ πωλοδάμνῃ ἐπιμελητέον. Τὸ γὰρ τοιοῦτον οἴκοι τε τὰ πλεῖστα καὶ διὰ τοῦ ἱπποκόμου ἀποτελεῖται, ἢν ἐπίστηται τὸ μὲν πεινῆν καὶ διψῆν καὶ μυωπίζεσθαι παρασκευάζειν μετ' ἐρημίας γίγνεσθαι τῷ πώλῳ, τὸ δὲ φαγεῖν καὶ πιεῖν καὶ τὸ τῶν λυπούντων ἀπαλλάττεσθαι δι' ἀνθρώπων. Τούτων γὰρ γιγνομένων ἀνάγκη μὴ μόνον φιλεῖσθαι, ἀλλὰ καὶ ποθεῖσθαι ὑπὸ πώλων ἀνθρώπους.

4 Καὶ ἅπτεσθαι δὲ χρὴ ὧν ψηλαφωμένων ὁ ἵππος μάλιστα ἥδεται· ταῦτα δ' ἐστὶ τά τε λασιώτατα καὶ οἷς αὐτὸς ἥκιστ' ἂν δύναιτο ὁ ἵππος, ἤν τι λυπῇ αὐτόν, ἐπικουρεῖν.

5 Προστετάχθω δὲ τῷ ἱπποκόμῳ καὶ τὸ δι' ὄχλου

**1** 4 πωλοδαμνεῖν A : -δάμνειν B -δάμνην recc. ‖ 6 ἱππικῆς ἢ B : ἱππικὴν ἐν A ‖ 7 δὲ Zeune : τε codd. ‖ **2** 1 γιγνώσκων A recc. plerique : γιγνώσκω B ‖ 5 ὑπομνήματα AB : ὑποδείγματα recc. ‖ **3** 2 ἐκδιδῶται Ma : ἐκδίδοται cett. ‖ 5 μυωπίζεσθαι Courier : μὴ ὀργίζεσθαι codd. ‖ ἐρημίας Gesner : ἠρεμίας codd. ‖ 6 alt. τὸ om. recc. ‖ **4** 3 ἥκιστ' ἂν A : ἥκιστα B ‖ τι λυπῇ B : πλυπῇ A ‖ **5** 1 δι' ὄχλου om. A.

travers la foule, et de le mêler à toute espèce de vues, à toute espèce de bruits. Et tout ce dont le jeune cheval aura peur, il faut lui montrer, sans se fâcher, mais en le calmant, qu'il n'y a là rien de terrible [1].

Sur le problème du dressage, voilà les seules indications qu'il suffit, je crois, de donner à un amateur.

## III

1 Pour qui acquiert un cheval que l'on monte [2], nous coucherons par écrit quelques notes, qu'il faut bien comprendre si l'on veut ne pas être trompé dans un achat de cheval.

Donc, en premier lieu, il faut savoir quel est son âge; car celui qui n'a plus ses dents de lait [3] n'a plus l'attrait de l'espérance, en même temps qu'il n'est pas aussi aisé à revendre [4].

2 Quand son jeune âge est sûr, il convient alors de bien savoir comment il accepte le mors dans la bouche, et la têtière autour des oreilles [5]. La meilleure manière pour l'acheteur de le reconnaître, c'est de faire brider devant soi, et débrider devant soi.

3 Ensuite, il faut faire bien attention à la manière dont il accepte le cavalier sur le dos [6]; car bien des chevaux admettent difficilement ce qui est le signe d'un travail auquel, une fois qu'ils l'ont admis, ils ne peuvent plus se soustraire.

4 Il faut examiner encore si, une fois monté, il veut bien s'écarter des chevaux, ou si, travaillant devant des chevaux arrêtés, il n'emmène pas dans leur direction [7]. Et il y en a qui, pour être mal tenus en main [8], s'enfuient de la carrière vers les chemins aussi de l'écurie.

5 L'exercice dénommé le huit, et bien mieux encore

1. Xén., avec raison, traite le cheval comme un enfant.

2. Ἱππαζόμενος est ici synonyme de ἀναβαινόμενος (1, 1, fin); il s'agit d'acheter un cheval de deux ans et demi au moins; cf. 2, 1.

3-8. *Notes complémentaires*, p. 131-132.

διάγειν, καὶ παντοδαπαῖς μὲν ὄψεσι παντοδαποῖς δὲ ψόφοις πλησιάζειν. Τούτων δ' ὅσα ἂν ὁ πῶλος φοβῆται, οὐ χαλεπαίνοντα δεῖ, ἀλλὰ πραΰνοντα διδάσκειν ὅτι οὐ δεινά ἐστιν.

Καὶ περὶ μὲν πωλείας ἀρκεῖν μοι δοκεῖ τῷ ἰδιώτῃ εἰπεῖν τοσαῦτα πράττειν.

## III

1 Ὅταν γε μὴν ἱππαζόμενον ὠνῆταί τις, ὑπομνήματα γράψομεν ἃ δεῖ καταμανθάνειν τὸν μέλλοντα μὴ ἐξαπατᾶσθαι ἐν ἱππωνίᾳ.

Πρῶτον μὲν τοίνυν μὴ λαθέτω αὐτὸν τίς ⟨ἡ⟩ ἡλικία· ὁ γὰρ μηκέτι ἔχων γνώμονας οὔτ' ἐλπίσιν εὐφραίνει οὔτε ὁμοίως εὐαπάλλακτος γίγνεται.

2 Ὁπότε δὲ ἡ νεότης σαφής, δεῖ αὖ μὴ λαθεῖν, πῶς μὲν εἰς τὸ στόμα δέχεται τὸν χαλινόν, πῶς δὲ περὶ τὰ ὦτα τὴν κορυφαίαν. Ταῦτα δ' ἥκιστ' ἂν λανθάνοι εἰ ὁρῶντος μὲν τοῦ ὠνουμένου ἐμβάλλοιτο ὁ χαλινός, ὁρῶντος δ' ἐξαιροῖτο.

3 Ἔπειτα δὲ προσέχειν δεῖ τὸν νοῦν πῶς ἐπὶ τὸν νῶτον δέχεται τὸν ἀναβάτην. Πολλοὶ γὰρ ἵπποι χαλεπῶς προσίενται ἃ πρόδηλα αὐτοῖς ἐστιν ὅτι προσέμενοι πονεῖν ἀναγκασθήσονται.

4 Σκεπτέον δὲ καὶ τόδε εἰ ἀναβαθεὶς ἐθέλει ἀφ' ἵππων ἀποχωρεῖν ἢ εἰ παρ' ἑστηκότας ἱππεύων μὴ ἐκφέρει πρὸς τούτους. Εἰσὶ δὲ οἳ διὰ κακὴν ἀγωγὴν καὶ πρὸς τὰς οἴκαδε ἀφόδους φεύγουσιν ἐκ τῶν ἱππασιῶν.

5 Τούς γε μὴν ἑτερογνάθους μηνύει μὲν καὶ ἡ πέδη

3 ψόφοις B : ψήφοις A.

**1** 4 ἡ add. Castalio ‖ **2** 5 ἐξαιροῖτο A : ἐξαίροιτο B ‖ **4** 1 καὶ om. B ‖ 2 παρ' ἑστηκότας Zeune : παρεστηκότας codd. ‖ ἐκφέρει A : ἐκφέροι B.

le travail aux deux mains, révèlent un cheval aux barres inégales [1]. Car beaucoup ne tentent d'emmener le cavalier que si à la barre faussée s'ajoute l'occasion d'emmener à l'écurie [2].

Il faut savoir encore si, lancé aux allures vives, il s'arrête court et consent à faire demi-tour.

**6** Il est bon encore de s'assurer si, une fois réveillé par un coup, il consent à obéir comme avant. Ne rendent évidemment aucun service ni une armée ni un serviteur qui n'obéissent pas; mais un cheval qui n'obéit pas non seulement ne rend aucun service: souvent il se comporte encore en fin de compte exactement comme un traître.

**7** Comme nous avons admis que nous achetions un cheval d'armes [3], il faut éprouver toutes les aptitudes sans exception que la guerre met à l'épreuve, c'est-à-dire franchir des fossés, passer des petits murs, s'élancer sur des contre-hauts, sauter en contre-bas; il faut aussi l'éprouver en le poussant sur les montées, dans les descentes, et en oblique [4]. Par tous ces exercices on vérifie à la fois si le caractère est énergique et le corps sain. **8** Il ne faut pas refuser, toutefois, celui qui ne les accomplit pas à la perfection; car souvent c'est par inexpérience de ces exercices et non par incapacité qu'il laisse à désirer. Une fois instruit, entraîné, exercé, il les accomplirait tous bien, à condition que de surcroît il soit sain et non vicieux.

**9** Gardons-nous cependant des natures ombrageuses, car les chevaux peureux à l'excès ne sont plus un instrument pour porter des coups à l'ennemi; on les voit souvent désarçonner leur cavalier et le mettre dans les situations critiques. **10** Il faut également connaître à fond si le cheval a tant soit peu le caractère méchant [5], à l'égard des chevaux comme des hommes, et s'il est chatouilleux; car tous ces défauts créent des ennuis aux possesseurs.

1. Xén. est plus préoccupé de ce défaut qu'on ne l'est aujourd'hui. Sans doute a-t-il connu des accidents aux barres, causés par la sévérité du mors grec.

2.-5. *Notes complémentaires*, p. 132.

καλουμένη ἱππασία, πολὺ δὲ μᾶλλον καὶ τὸ μεταβάλλεσθαι τὴν ἱππασίαν. Πολλοὶ γὰρ οὐκ ἐγχειροῦσιν ἐκφέρειν, ἢν μὴ ἅμα συμβῇ ἥ τε ἄδικος γνάθος καὶ ἡ πρὸς οἶκον ἐκφορά.

Δεῖ γε μὴν εἰδέναι καὶ εἰ ἀφεθεὶς εἰς τάχος ἀναλαμβάνεται ἐν βραχεῖ καὶ εἰ ἀποστρέφεσθαι ἐθέλει.

6 Ἀγαθὸν δὲ μὴ ἄπειρον εἶναι εἰ καὶ πληγῇ ἐγερθεὶς ἐθέλει ὁμοίως πείθεσθαι. Ἄχρηστον μὲν γὰρ δήπου καὶ οἰκέτης καὶ στράτευμα ἀπειθές· ἵππος δὲ ἀπειθὴς οὐ μόνον ἄχρηστος ἀλλὰ πολλάκις καὶ ὅσαπερ προδότης διαπράττεται.

7 Ἐπεὶ δὲ πολεμιστήριον ὑπεθέμεθα ὠνεῖσθαι, ληπτέον πεῖραν ἁπάντων ὅσωνπερ καὶ ὁ πόλεμος πεῖραν λαμβάνει. Ἔστι δὲ ταῦτα, τάφρους διαπηδᾶν, τειχία ὑπερβαίνειν, ἐπ' ὄχθους ἀνορούειν, ἀπ' ὄχθων καθάλλεσθαι· καὶ πρὸς ἄναντες δὲ καὶ κατὰ πρανοῦς καὶ πλάγια ἐλαύνοντα πεῖραν λαμβάνειν. Πάντα γὰρ ταῦτα καὶ τὴν ψυχὴν εἰ καρτερὰ καὶ τὸ σῶμα εἰ ὑγιὲς δοκιμάζει. 8 Οὐ μέντοι τὸν μὴ καλῶς πάνυ ταῦτα ποιοῦντα ἀποδοκιμαστέον. Πολλοὶ γὰρ οὐ διὰ τὸ μὴ δύνασθαι ἀλλὰ διὰ τὸ ἄπειροι εἶναι τούτων ἐλλείπονται. Μαθόντες δὲ καὶ ἐθισθέντες καὶ μελετήσαντες καλῶς ἂν ταῦτα πάντα ποιοῖεν, εἴ γ' ἄλλως ὑγιεῖς καὶ μὴ κακοὶ εἶεν.

9 Τούς γε μέντοι ὑπόπτας φύσει φυλακτέον. Οἱ γὰρ ὑπέρφοβοι βλάπτειν μὲν τοὺς πολεμίους ἀφ' ἑαυτῶν οὐκ ἐῶσι, τὸν δὲ ἀναβάτην ἔσφηλάν τε πολλάκις καὶ εἰς τὰ χαλεπώτατα ἐνέβαλον. 10 Δεῖ δὲ καὶ εἴ τινα χαλεπότητα ἔχοι ὁ ἵππος, καταμανθάνειν, εἴτε πρὸς ἵππους εἴτε πρὸς ἀνθρώπους, καὶ εἰ δυσγάργαλός γε εἴη· πάντα γὰρ ταῦτα χαλεπὰ τοῖς κεκτημένοις γίγνεται.

7 1 post πολεμιστήριον add. ἵππον recc. ‖ 7 εἰ καρτερὰ A recc. : ἐγκαρτερὰν B ‖ δοκιμάζει A : βασανίζει B ‖ **8** 5 εἴ γ' Stephanus : εἰ δ' B εἰ A ‖ **10** 2 ἔχοι B : ἔχει A

11 Pour connaître encore plus à fond si le cheval est rebelle à se laisser brider, monter [1], ou porté aux autres pirouettes [2], on essaiera de refaire exactement, une fois l'entraînement terminé, les mêmes gestes qu'avant le début du travail. Tous ceux qui, après l'entraînement, se montrent disposés à subir [3] encore des efforts, donnent là des preuves suffisantes d'un caractère énergique.

12 En résumé, tout cheval doté de bons pieds, doux, suffisamment vite, disposé et apte à supporter des efforts, et tout à fait docile, aura le moins de chances de fatiguer le cavalier et sera le meilleur pour le tirer d'affaire dans les actions de guerre. Mais les chevaux qui, à cause de leur mollesse, exigent beaucoup d'impulsion, ou, à cause de leur excès de sang, beaucoup de caresses et d'attention, accaparent les mains [4] du cavalier et le découragent au milieu des dangers.

## IV

1 Lorsqu'on achète un cheval qui a séduit et qu'on l'emmène chez soi, il est indiqué que son écurie soit dans un endroit de la maison tel qu'il se trouve constamment sous les yeux du maître; il est bon encore que la stalle soit disposée de telle sorte qu'il n'y ait pas davantage moyen de dérober la nourriture du cheval dans sa mangeoire que celle du maître dans son cellier. Quiconque néglige cette précaution se néglige soi-même, à mon sens; car il est évident que dans les dangers le maître confie son propre corps à son cheval.

1. Cf. *supra* §§ 2 et 3.

2. La conjecture d'H. Estienne, δινεύματα, au lieu du δὴ νεύματα donné par les deux manuscrits les plus importants, doit être adoptée (et peut justifier la correction proposée par Marchant en 10, 2 δινεύειν au lieu de κινδυνεύειν); νεῦμα signifie « signe de tête » (*Anab.*, 5, 8, 20; voir au lexique le verbe ἐκνεύω) et non « coup de tête », et le mot est séparé de χαλινώσεως (c'est pour éviter de se laisser brider qu'un cheval peut donner des coups de tête) par ἀναβάσεων; le cheval tourne en rond, fait des pirouettes ou des contorsions lorsqu'il veut fuir le mors ou éviter de se laisser monter.

3-4. *Notes complémentaires*, p. 132-133.

11 Τὰς δέ γε τῶν χαλινώσεων καὶ ἀναβάσεων ἀποκωλύσεις καὶ τἆλλα δινεύματα πολὺ ἂν ἔτι μᾶλλον καταμάθοι τις, εἰ πεπονηκότος ἤδη τοῦ ἵππου πάλιν πειρῷτο ποιεῖν ταὐτὰ ὅσαπερ πρὶν ἄρξασθαι ἱππεύειν. Ὅσοι δ' ἂν πεπονηκότες ἐθέλωσι πάλιν ὑποδύεσθαι πόνους, ἱκανὰ τεκμήρια παρέχονται ταῦτα ψυχῆς καρτερᾶς.

12 Ὡς δὲ συνελόντι εἰπεῖν, ὅστις εὔπους μὲν εἴη, πρᾷος δέ, ἀρκούντως δὲ ποδώκης, ἐθέλοι δὲ καὶ δύναιτο πόνους ὑποφέρειν, πείθοιτο δὲ μάλιστα, οὗτος ἂν εἰκότως ἀλυπότατός τ' εἴη καὶ σωτηριώτατος τῷ ἀναβάτῃ ἐν τοῖς πολεμικοῖς. Οἱ δὲ ἢ διὰ βλακείαν ἐλάσεως πολλῆς δεόμενοι ἢ διὰ τὸ ὑπέρθυμοι εἶναι πολλῆς θωπείας τε καὶ πραγματείας ἀσχολίαν μὲν ταῖς χερσὶ τοῦ ἀναβάτου παρέχουσιν, ἀθυμίαν δ' ἐν τοῖς κινδύνοις.

## IV

1 Ὅταν γε μὴν ἀγασθεὶς ἵππον πρίηταί τις καὶ οἴκαδε ἀγάγηται, καλὸν μὲν ἐν τοιούτῳ τῆς οἰκίας τὸν σταθμὸν εἶναι ὅποι πλειστάκις ὁ δεσπότης ὄψεται τὸν ἵππον· ἀγαθὸν δ' οὕτω κατεσκευάσθαι τὸν ἱππῶνα ὥστε μηδὲν μᾶλλον οἷόν τ' εἶναι τὸν τοῦ ἵππου σῖτον κλαπῆναι ἐκ τῆς φάτνης ἢ τὸν τοῦ δεσπότου ἐκ τοῦ ταμιείου. Ὁ δὲ τούτου ἀμελῶν ἐμοὶ μὲν ἑαυτοῦ δοκεῖ ἀμελεῖν· δῆλον γὰρ ὅτι ἐν τοῖς κινδύνοις τὸ αὑτοῦ σῶμα τῷ ἵππῳ ὁ δεσπότης παρακατατίθεται.

11 2 δινεύματα Stephanus uide adn. : δὴ νεύματα AB δεινεύματα D ἀηδῆ νεύματα coni. Pierleoni ‖ 4 ταὐτὰ Weiske : ταῦτα codd. ‖ 12 1 συνελόντι recc. : συνελόντ' AB ‖ 2 alt. δὲ om. B.

1 3 ὅποι codd. : ὅπου coni. Dindorf ‖ 5 ὥστε B : χὤστε A ‖ 8 αὑτοῦ recc. : αὐτοῦ AB.

2 Et ce n'est pas seulement pour empêcher les vols de nourriture qu'il est bon d'avoir une stalle en sûreté, mais parce qu'on voit aussi quand le cheval n'éparpille [1] pas sa nourriture. Si l'on constate qu'il le fait, on saura que le corps, par suite de congestion [2], réclame des soins, ou du repos par suite de surmenage, ou qu'il couve une fourbure [3] ou quelque autre indisposition. Exactement comme chez l'homme, tout mal est, chez le cheval, plus aisé à combattre à sa naissance que lorsqu'il s'est endurci faute d'avoir été correctement traité.

3 Comme il faut s'occuper de la nourriture du cheval et de ses exercices d'assouplissement de manière que son corps prenne de la puissance, il faut de même lui former les pieds [4]. Les écuries gâtent les sabots même bien conformés si elles sont humides et lisses; pour éviter l'humidité, elles doivent avoir un écoulement et, pour éviter le sol lisse, un lit de pierres [5] posées l'une contre l'autre, d'une grosseur à peu près analogue à celle des sabots. Car de telles écuries offrent encore l'avantage de fortifier les pieds des chevaux même arrêtés [6].

4 Ensuite, le palefrenier doit faire sortir [7] le cheval à l'endroit du pansage, et le détacher de la mangeoire après le repas de midi, pour qu'il aille plus volontiers à celui du soir.

Pour avoir, d'autre part, les meilleurs abords [8] de l'écurie, qui durcissent les pieds, il faudra verser à terre, pêle-

1. Le cheval qui se sent indisposé, par suite d'indigestion ou de surmenage, manque d'appétit, s'énerve en face de sa mangeoire; il y barbote avec le bout du nez ou des lèvres et fait tomber son grain.

2. La congestion intestinale est une forme particulière des coliques du cheval, maladie très grave, quelquefois mortelle, due à l'ingestion d'aliments indigestes ou de boisson trop fraîche en été, surtout lorsque le cheval rentre du travail en sueur. Ce genre de coliques est d'une violence particulière: il entraîne des mouvements désordonnés, fait naître des sueurs profuses et chaudes, et la mort s'ensuit fréquemment, soit par arrêt du cœur, soit par hémorragie; cf. Jacoulet, I, p. 114 et suiv.

3-8. *Notes complémentaires*, p. 133.

2 Ἔστι δὲ οὐ μόνον τοῦ μὴ κλέπτεσθαι ἕνεκα τὸν σῖτον ἀγαθὸς ὁ ἐχυρὸς ἱππών, ἀλλ' ὅτι καὶ ὅταν μὴ ἐκκομίζῃ τὸν σῖτον ὁ ἵππος φανερὸν γίγνεται. Τούτου δ' ἄν τις αἰσθανόμενος γιγνώσκοι ὅτι ἢ τὸ σῶμα ὑπεραιμοῦν δεῖται θεραπείας ἢ κόπου ἐνόντος δεῖται ἀναπαύσεως ἢ κριθίασις ἢ ἄλλη τις ἀρρωστία ὑποδύεται. Ἔστι δ' ὥσπερ ἀνθρώπῳ, οὕτω καὶ ἵππῳ ἀρχόμενα πάντα εὐιατότερα ἢ ἐπειδὰν ἐνσκιρωθῇ τε καὶ ἐξαμαρτηθῇ τὰ νοσήματα.

3 Ὥσπερ δὲ τοῦ ἵππου σίτου τε καὶ γυμνασίων ἐπιμελητέον, ὅπως ἂν τὸ σῶμα ἰσχύῃ, οὕτω καὶ τοὺς πόδας ἀσκητέον. Τὰ μὲν τοίνυν ὑγρά τε καὶ λεῖα τῶν σταθμῶν λυμαίνεται καὶ ταῖς εὐφυέσιν ὁπλαῖς· τὰ δέ, ὡς μὲν μὴ ὑγρὰ εἶναι, ἀπόρρυτα, ὡς δὲ μὴ λεῖα, λίθους ἔχοντα κατορωρυγμένους πρὸς ἀλλήλους, παραπλησίους ὁπλαῖς τὸ μέγεθος. Τὰ γὰρ τοιαῦτα σταθμὰ καὶ ἐφεστηκότων ἅμα στερεοῖ τοὺς πόδας.

4 Ἔπειτά γε μὴν τῷ ἱπποκόμῳ ἐξακτέον μὲν τὸν ἵππον ὅπου ψήξει, μεταδετέον δὲ μετὰ τὸ ἄριστον ἀπὸ τῆς φάτνης, ἵν' ἥδιον ἐπὶ τὸ δεῖπνον ἴῃ.

Ὧδε δ' ἂν αὖ ὁ ἔξω σταθμὸς βέλτιστος εἴη καὶ τοὺς πόδας καρτερύνοι, εἰ λίθων στρογγύλων ἀμφιδόχμων

**2** 2 μὴ codd. : πῃ coni. Weiske del. Dindorf ‖ 4 γιγνώσκοι A recc. : -γνώσκει B ‖ σῶμα Camerarius : στόμα codd. ‖ 8 εὐιατότερα B : εὐιατώτερα recc. εὐϊτότερα A ‖ **3** 1 τοῦ ἵππου AB : τῷ ἵππῳ recc. ‖ γυμνασίων B recc. plerique : -σιῶν A ‖ 4 τὰ codd. : ἄριστα coni. Madvig ‖ 7 post μέγεθος lacunam susp. Marchant qui βέλτιστα uel ἄριστα prop. ‖ Τὰ γὰρ codd. : τὰ γοῦν coni. Courier τά γε Christian ἄριστα Diels ‖ post σταθμὰ lacunam susp. Schneider στερεά prop. Marchant uide adn. ‖ 8 ἐφεστηκότων A recc. : ἀφ- B ‖ **4** 2 δετέον δὲ ἀπὸ τῆς φα omisso μετὰ τὸ ἄριστον in ras. A ‖ 4 Ὧδε δ' Dindorf : ὡς δ' codd. ‖ 5 καρτερύνοι B : κρατερύνει A κατευρύνοι aut alia recc. ‖ ἀμφιδόχμων Leunclavius : -τόμων codd.

mêle, quatre ou cinq charretées de pierres arrondies, d'une largeur de main, du poids d'une mine à peu près, et les entourer d'un rebord de fer pour éviter leur dispersion. Arrêté, sur ce sol, il pourrait marcher régulièrement une partie du jour comme sur une route empierrée ; **5** il est forcé qu'au pansage et quand il chasse les mouches il se serve de ses sabots comme lorsqu'il marche. La fourchette elle aussi est durcie par les pierres ainsi répandues.

De même qu'on prendra soin de rendre durs les sabots, il faut également prendre soin de rendre tendre la région de la bouche. Les moyens qui adoucissent la chair de l'homme sont les mêmes pour la bouche du cheval [1].

## V

**1** Il appartient à l'homme de cheval, selon nous, d'avoir encore un piqueur instruit par ses soins de tout ce qu'exige l'entretien du cheval. D'abord donc, il doit savoir que le nœud de l'attache du cheval à la mangeoire ne doit jamais se faire à l'emplacement de la têtière [2]. Le cheval, en se frottant la tête contre la mangeoire, se ferait souvent des blessures à vif, à moins que l'attache ne soit disposée, près des oreilles, sans danger [3]. Une fois des plaies formées à cet endroit, il est forcé que le cheval soit plus difficile à brider et à panser.

**2** Il est bon, encore, que le piqueur ait reçu la consigne

1. Aujourd'hui, si les barres sont durcies, on tâche de les rendre sensibles par un mors moins sévère ou un simple filet.

2. Voir les justes remarques de Vigneron, t. I, p. 58-59. Une extrémité de la longe est fixée au mur de l'écurie (au-dessus de la tête du cheval pour que soient évitées les « prises de longe »; cf. ci-dessous, § 4), et l'autre non pas près de la tête mais à la muserolle qui est soutenue par les montants et la têtière du licol.

3. Les tares de la nuque, en général, « résultent de heurts sous la mangeoire..., *de l'appui d'une têtière défectueuse*, ou de l'habitude vicieuse de « tirer au renard » (Jacoulet, N.E., p. 140).

ὅσον μνααίων ἁμάξας τέτταρας καὶ πέντε χύδην καταβάλοι, περιχειλώσας σιδήρῳ, ὡς ἂν μὴ σκεδαννύωνται· ἐπὶ γὰρ τούτων ἑστηκὼς ὥσπερ ἐν ὁδῷ λιθώδει ἀεὶ μέρος τῆς ἡμέρας πορεύοιτο ⟨ἄν⟩. 5 Ἀνάγκη δὲ καὶ ψηχόμενον καὶ μυωπιζόμενον χρῆσθαι ταῖς ὁπλαῖς καθάπερ ὅταν βαδίζῃ. Καὶ τὰς χελιδόνας δὲ τῶν ποδῶν οἱ οὕτω κεχυμένοι λίθοι στερεοῦσιν.

Ὡς δὲ περὶ τῶν ὁπλῶν ὅπως στερεαὶ ἔσονται ἐπιμελητέον, οὕτω καὶ τὰ περὶ τὸ στόμα αὖ ὅπως μαλακὰ ἔσται ἐπιμελεῖσθαι δεῖ. Τὰ δ' αὐτὰ ἀνθρώπου τε σάρκα καὶ ἵππου στόμα ἁπαλύνει.

## V

1 Ἱππικοῦ δὲ ἀνδρὸς ἡμῖν δοκεῖ εἶναι καὶ τὸν ἱπποκόμον πεπαιδευκέναι ἃ δεῖ περὶ τὸν ἵππον πράττειν· πρῶτον μὲν τοίνυν τῆς ἐπιφατνιδίας φορβειᾶς ἐπίστασθαι αὐτὸν δεῖ μήποτε τὸ ἅμμα ποιεῖσθαι ἔνθαπερ ἡ κορυφαία περιτίθεται. Πολλάκις γὰρ κνῶν ὁ ἵππος ἐπὶ τῇ φάτνῃ τὴν κεφαλήν, εἰ μὴ ἀσινὴς ἡ φορβειὰ περὶ τὰ ὦτα ἔσται, πολλάκις ἂν ἕλκη ποιοίη. Ἑλκουμένων γε μὴν τούτων ἀνάγκη τὸν ἵππον καὶ περὶ τὸ χαλινοῦσθαι καὶ περὶ τὸ ψήχεσθαι δυσκολώτερον εἶναι.

2 Ἀγαθὸν δὲ καὶ τὸ τετάχθαι τῷ ἱπποκόμῳ καθ' ἡμέ-

**4** 6 μνααίων Stephanus : μναιαίους AB recc. aliquot ‖ καταβάλοι A recc. aliquot : -βάλλοι B ‖ 9 ἄν add. Diels ‖ **5** 3 καθάπερ recc. : καθαποῦ A καθάπου B ‖ βαδίζῃ B : βαδίζει A ‖ 5 post ὅπως add. ὡς A ‖ ὅπως — 6 ὅπως om. B ‖ 6 τὰ περὶ τὸ στόμα αὖ AB : περὶ τῶν στομάτων recc. ‖ post ὅπως add. ὡς A.

**1** 2 πεπαιδευκέναι A : -δεῦσθαι B ‖ 3 φορβειᾶς Pollux 1, 201 Hesychius s. u. cf. infra l. 6 : φορβιᾶς B om. A ‖ 5 κνῶν Courier: κινῶν codd. ‖ 6 φορβειὰ A : φορβιὰ B ‖ 8 καὶ — χαλινοῦσθαι om. A.

d'enlever chaque jour le crottin et la litière [1] pour les emporter dans un endroit déterminé. En procédant ainsi, il simplifie sa tâche et du même coup est utile au cheval.

3 Le piqueur doit encore savoir mettre la muselière au cheval aussi bien lorsqu'il le fait sortir pour le pansage que pour le bain de sable [2]. Et chaque fois qu'on le mène non bridé, il faut lui mettre la muselière. Celle-ci, sans l'empêcher de respirer, lui interdit de mordre; et une fois mise autour de la bouche, elle enlève davantage aux chevaux leurs mauvaises intentions.

4 L'attache du cheval, elle, doit se faire au-dessus de la tête. Car tout ce qui l'importune autour du visage, il est instinctement porté à s'en défaire par un coup de tête vers le haut [3]. Et lorsqu'il donne un coup de tête vers le haut étant attaché de la sorte, il relâche son lien et ne l'arrache pas.

5 Pour le pansage, il faut commencer par la tête [4] et la crinière; si les parties hautes ne sont pas propres, il est inutile de nettoyer les basses. Ensuite, sur tout le corps, il faut, avec tous les instruments de pansage, après avoir relevé le poil [5], chasser la crasse dans le sens du poil, sauf pour les poils du dos, qu'il ne faut toucher avec aucun instrument, mais frotter et lisser avec la main, dans le sens de leur direction naturelle. C'est ainsi que l'on évitera au mieux de blesser le siège du cavalier [6].

6 C'est avec de l'eau qu'il convient de laver la tête; comme elle est osseuse, si on la nettoyait avec du fer ou du bois, on agacerait le cheval. Le toupet, il convient de le mouiller [7]; car s'ils sont d'une bonne longueur, les crins qui le forment, sans empêcher le cheval de voir, lui chassent les moucherons [8] des yeux. Il faut croire que les dieux ont doté le cheval de ces crins, au lieu des longues oreilles

1. Pollux (1, 183) aide à comprendre ce passage, pour une fois, lorsqu'il écrit ἐκφέρειν τὴν κόπρον, ψύχειν τὰ στρώματα τοῦ ἵππου, « enlever le crottin, faire sécher la litière ». Le mot κόπρος doit désigner *à la fois* le crottin et le fumier. La paille étant rare, la litière devait n'en comporter qu'une seule couche, qu'il fallait enlever chaque jour de l'écurie aux fins de séchage; pendant ce temps le sabot pouvait se durcir au contact du sol.

2-8. *Notes complémentaires*, p. 133-134.

ραν τὴν κόπρον καὶ τὰ ὑποστρώματα τοῦ ἵππου ἐκφέρειν εἰς ἓν χωρίον. Τοῦτο γὰρ ποιῶν αὐτός τ' ἂν ῥᾷστα ἀπαλλάττοι καὶ ἅμα τὸν ἵππον ὠφελοίη.

3 Εἰδέναι δὲ χρὴ τὸν ἱπποκόμον καὶ τὸν κημὸν περιτιθέναι τῷ ἵππῳ, καὶ ὅταν ἐπὶ ψῆξιν καὶ ὅταν ἐπὶ κυλίστραν ἐξάγῃ. Καὶ ἀεὶ δὲ ὅποι ἂν ἀχαλίνωτον ἄγῃ κημοῦν δεῖ. Ὁ γὰρ κημὸς ἀναπνεῖν μὲν οὐ κωλύει, δάκνειν δὲ οὐκ ἐᾷ· καὶ τὸ ἐπιβουλεύειν δὲ περικείμενος μᾶλλον ἐξαιρεῖ τῶν ἵππων.

4 Καὶ μὴν δεσμεύειν τὸν ἵππον ἄνωθεν τῆς κεφαλῆς δεῖ. Πάντα γὰρ ὁπόσα ἂν δύσκολ' ᾖ περὶ τὸ πρόσωπον ὁ ἵππος ἐκνεύειν πέφυκεν ἄνω. Ἐκνεύων γε μὴν οὕτω δεδεμένος χαλᾷ μᾶλλον ἢ διασπᾷ τὰ δεσμά.

5 Ἐπειδὰν δὲ ψήχῃ, ἄρχεσθαι μὲν ἀπὸ τῆς κεφαλῆς καὶ τῆς χαίτης· μὴ γὰρ καθαρῶν τῶν ἄνω ὄντων μάταιον τὰ κάτω καθαίρειν. Ἔπειτα δὲ κατὰ μὲν τὸ ἄλλο σῶμα πᾶσι τοῖς τῆς καθάρσεως ὀργάνοις ἀναστήσαντα δεῖ τὴν τρίχα σοβεῖν τὴν κόνιν κατὰ φύσιν τῆς τριχός· τῶν δ' ἐν τῇ ῥάχει τριχῶν ἄλλῳ μὲν ὀργάνῳ οὐδενὶ δεῖ ἅπτεσθαι, ταῖς δὲ χερσὶ τρίβειν καὶ ἁπαλύνειν ᾗπερ φύσει κέκλινται· ἥκιστα γὰρ ἂν βλάπτοι τὴν ἕδραν τοῦ ἵππου.

6 Ὕδατι δὲ καταπλύνειν τὴν κεφαλὴν χρή· ὀστώδης γὰρ οὖσα, εἰ σιδήρῳ ἢ ξύλῳ καθαίροιτο, λυποῖ ἂν τὸν ἵππον. Καὶ τὸ προκόμιον δὲ χρὴ βρέχειν· καὶ γὰρ αὗται εὐμήκεις οὖσαι αἱ τρίχες ὁρᾶν μὲν οὐ κωλύουσι τὸν ἵππον, ἀποσοβοῦσι δὲ ἀπὸ τῶν ὀφθαλμῶν τὰ λυποῦντα. Καὶ τοὺς θεοὺς δὲ οἴεσθαι χρὴ δεδωκέναι ταύτας τὰς

**3** 3 κυλίστραν Widdra e Poll. 1, 183 Hippiatr. 1, 41 : καλίστραν codd. ‖ 4 post μὲν add. οὖν B ‖ **4** 2 δύσκολ' ᾖ Zeune : δυσκολῆ codd. ‖ **5** 4 ἀναστήσαντα ego uide adn. : ἀνίσταντα codd. ‖ 7 ἁπαλύνειν recc. : ἀπαλύνειν B ἀπαλύνει A ‖ **6** 6 τοὺς θεοὺς recc. plerique : τὸν θεὸν AB.

données aux ânes et mulets, pour servir de moyen de défense en avant des yeux.

7 La queue et la crinière doivent aussi être lavées, puisqu'il faut que les crins s'allongent, ceux de la queue pour permettre au cheval de chasser les moucherons en atteignant le plus loin possible [1], ceux du haut de l'encolure [2] pour donner le maximum de prise au cavalier.

8 Ce sont les dieux, et pour la beauté du coup d'œil [3], qui ont doté le cheval d'une crinière, d'un toupet, d'une queue. La preuve en est que les juments rassemblées au vert ne se laissent pas aussi bien approcher des ânes, pour la monte, tant qu'elles ont les crins longs; c'est pourquoi tous les éleveurs de mulets coupent les crins aux juments en vue de la monte [4].

9 Le lavage des membres, lui, nous le proscrivons; un mouillage quotidien non seulement ne sert à rien mais endommage encore le sabot. Il faut aussi modérer tout excès de nettoyage sous le ventre; c'est lui qui agace le plus le cheval, et plus cette région est propre, plus les moucherons s'amoncellent sous le ventre; **10** et après s'y être évertué, à peine a-t-on fait sortir le cheval qu'il n'a déjà plus l'air d'avoir été pansé. Laissons donc ces parties tranquilles; et pour les membres, une simple friction avec les mains suffit [5].

## VI

1 Nous montrerons également les moyens de pansage les moins dangereux pour soi et les plus salutaires pour le cheval. Si on le panse en regardant dans la même direction

1. Le cheval, agacé par les mouches ou les taons, ne cesse de se balayer la croupe et les flancs en agitant la queue, nécessairement non coupée; on la coupe trop souvent aujourd'hui.

2. Comme la frise des Panathénées, peut-être aussi comme l'expression de 7, 1, « près des oreilles », la remarque suggère que le cheval grec a une taille assez petite. En outre, la sévérité du mors grec provoque la position du « ramener »; sur cette position, voir *infra*, 10, 3 et la n. 5.

3-5. *Notes complémentaires*, p. 134.

τρίχας ἵππῳ ἀντὶ τῶν μεγάλων ὤτων ἃ ὄνοις τε καὶ ἡμιόνοις ἔδοσαν ἀλεξητήρια πρὸ τῶν ὀμμάτων.

7 Καὶ οὐρὰν δὲ καὶ χαίτην πλύνειν χρή, ἐπείπερ αὔξειν δεῖ τὰς τρίχας, τὰς μὲν ἐν τῇ οὐρᾷ, ὅπως ἐπὶ πλεῖστον ἐξικνούμενος ἀποσοβῆται ὁ ἵππος τὰ λυποῦντα, τὰς δὲ ἐν τῷ τραχήλῳ, ὅπως τῷ ἀναβάτῃ ὡς ἀφθονωτάτη ἀντίληψις ᾖ.

8 Δέδοται δὲ παρὰ θεῶν καὶ ἀγλαΐας ἕνεκεν ἵππῳ χαίτη καὶ προκόμιόν τε καὶ οὐρά. Τεκμήριον δέ· αἱ γὰρ ἀγελαῖαι τῶν ἵππων οὐχ ὁμοίως ὑπομένουσι τοὺς ὄνους ἐπὶ τῇ ὀχείᾳ ἕως ἂν κομῶσιν· οὗ ἕνεκα καὶ ἀποκείρουσι πρὸς τὴν ὀχείαν τὰς ἵππους ἅπαντες οἱ ὀνοβατοῦντες.

9 Τήν γε μὴν τῶν σκελῶν κατάπλυσιν ἀφαιροῦμεν· ὠφελεῖ μὲν γὰρ οὐδέν, βλάπτει δὲ τὰς ὁπλὰς ἡ καθ' ἑκάστην ἡμέραν βρέξις. Καὶ τὴν ὑπὸ γαστέρα δὲ ἄγαν κάθαρσιν μειοῦν χρή· αὕτη γὰρ λυπεῖ μὲν μάλιστα τὸν ἵππον, ὅσῳ δ' ἂν καθαρώτερα ταῦτα γένηται, τοσούτῳ πλείονα τὰ λυποῦντα ἀθροίζει ὑπὸ τὴν γαστέρα· 10 ἢν δὲ διαπονήσηταί τις ταῦτα, οὐ φθάνει γ' ἐξαγόμενος ὁ ἵππος καὶ εὐθὺς ὅμοιός ἐστι τοῖς ἀκαθάρτοις. Ταῦτα μὲν οὖν ἐᾶν χρή· ἀρκεῖ δὲ καὶ ἡ τῶν σκελῶν ψῆξις αὐταῖς ταῖς χερσὶ γιγνομένη.

## VI

1 Δηλώσομεν δὲ καὶ τοῦτο ὡς ἂν ἀβλαβέστατα μέν τις ἑαυτῷ, τῷ δ' ἵππῳ ὠφελιμώτατα ψήχοι. Ἢν μὲν γὰρ εἰς τὸ αὐτὸ βλέπων τῷ ἵππῳ καθαίρῃ, κίνδυνος

**6** 7 τῶν recc. : om. AB ‖ τε καὶ ἡμιόνοις om. A ‖ **7** 3 λυποῦντα om. A ‖ **10** 1 post δὲ add. καὶ πάνυ recc.
**1** 2 ψήχοι recc. : ψήζοι B ψήζει A.

que lui, on risque de recevoir dans la figure un coup de sabot ou de genou [1]; **2** mais si, pour donner un coup de brosse, on regarde à l'opposé du cheval et si l'on se place à l'extérieur du membre [2], à hauteur de l'épaule, lors du pansage, on ne court aucun danger, et l'on peut encore soigner la fourchette en ployant le sabot. On fera de même pour le pansage des postérieurs.

**3** L'homme chargé de l'entretien doit savoir qu'en cela, comme pour tous les autres soins à donner, il faut éviter d'aborder le cheval en se présentant en face, par devant ou par derrière; car s'il cherche un mauvais coup, le cheval est, de ces deux côtés, plus fort que l'homme, tandis qu'en l'approchant de flanc on peut s'occuper au mieux de lui, tout en s'exposant le moins au danger.

**4** Lorsqu'il s'agit de conduire le cheval en main [3], nous ne recommandons pas de le conduire par derrière soi [4], parce qu'en le conduisant ainsi on ne peut que le surveiller fort mal, et lui peut fort bien faire ce qu'il veut. **5** D'un autre côté, lui apprendre à se laisser conduire en le faisant aller en avant avec la longe longue [5], nous le réprouvons pour la raison suivante : c'est que le cheval peut être dangereux du côté qu'il veut, et peut aussi se retourner et faire face à celui qui le mène. **6** Et puis, avec plusieurs chevaux côte à côte, comment pourrait-on les tenir à distance les uns des autres s'ils sont ainsi conduits? Un cheval, au contraire, accoutumé à être mené par le côté a le moins de facilité pour faire du mal aux chevaux ou aux hommes, et se trouve dans la meilleure position pour le cavalier s'il lui arrive d'être obligé de se mettre rapidement en selle [6].

1. Il s'agit uniquement des antérieurs, comme l'indique aussi la fin du § 2. Les postérieurs sont plus dangereux.

2. Le principe est toujours valable; voir le § 3.

3. Conseil donné toujours au soigneur, ou piqueur, souvent appelé à conduire le cheval en main, opération quelquefois embarrassante.

4. C'est-à-dire en laissant le cheval en retrait, sans être exactement devant lui, position qui le ferait s'arrêter.

5-6. *Notes complémentaires*, p. 134.

καὶ τῷ γόνατι καὶ τῇ ὁπλῇ ἐς τὸ πρόσωπον πληγῆναι·
2 ἢν δὲ ἀντία τῷ ἵππῳ ὁρῶν καὶ ἔξω τοῦ σκέλους,
ὅταν καθαίρῃ, κατὰ τὴν ὠμοπλάτην καθίζων ἀποτρίβῃ,
οὕτω πάθοι μὲν ἂν οὐδέν, δύναιτο δ' ἂν καὶ τὴν χελιδόνα τοῦ ἵππου θεραπεύειν ἀναπτύσσων τὴν ὁπλήν.
Ὡς δ' αὔτως καὶ τὰ ὄπισθεν σκέλη καθαιρέτω.

3 Εἰδέναι δὲ χρὴ τὸν περὶ τὸν ἵππον ὅτι καὶ ταῦτα
καὶ τἄλλα πάντα ὅσα πράττειν δεῖ ὡς ἥκιστα χρὴ
κατὰ τὸ πρόσωπόν τε καὶ οὐρὰν ἀντίον ἑαυτὸν ποιή-
σαντα προσιέναι· ἢν γὰρ ἐπιχειρῇ ἀδικεῖν, κατ' ἀμφότερα
ταῦτα κρείττων ὁ ἵππος ἀνθρώπου. Ἐκ πλαγίου δ' ἄν
τις προσιὼν ἀβλαβέστατα μὲν ἑαυτῷ, πλεῖστα δ' ἂν
ἵππῳ δύναιτο χρῆσθαι.

4 Ἐπειδὰν δ' ἄγειν δέῃ τὸν ἵππον, τὴν μὲν ὄπισθεν
ἀγωγὴν διὰ τάδε οὐκ ἐπαινοῦμεν ὅτι τῷ μὲν ἄγοντι
οὕτως ἥκιστα ἔστι φυλάξασθαι, τῷ δὲ ἵππῳ οὕτω μάλιστα
ἔξεστι ποιῆσαι ὅ τι ἂν βούληται. 5 Τὸ δ' αὖ ἔμπροσθεν
μακρῷ τῷ ἀγωγεῖ προϊόντα διδάσκειν ὑφηγεῖσθαι τὸν
ἵππον διὰ τάδε αὖ ψέγομεν· ἔξεστι μὲν γὰρ τῷ ἵππῳ
καθ' ὁπότερ' ἂν βούληται τῶν πλαγίων κακουργεῖν,
ἔξεστι δὲ ἀναστρεφόμενον ἀντίον γίγνεσθαι τῷ ἄγοντι.
6 Ἀθρόοι δὲ δὴ ἵπποι πῶς ἄν ποτε ἀλλήλων δύναιντο
ἀπέχεσθαι οὕτως ἀγόμενοι; Ἐκ πλαγίου δὲ ἵππος
ἐθισθεὶς παράγεσθαι ἥκιστα μὲν ἂν καὶ ἵππους καὶ
ἀνθρώπους δύναιτ' ἂν κακουργεῖν, κάλλιστα δ' ἂν
παρεσκευασμένος τῷ ἀναβάτῃ εἴη καὶ εἴ ποτε ἐν τάχει
ἀναβῆναι δεήσειεν.

**3** 1 pr. τὸν om. A ‖ 3 ante οὐρὰν add. τὴν Tommasini ‖ ἀντίον ἑαυτὸν om. B ‖ 6 πλεῖστα codd. : λῷστα coni. Madvig κάλλιστα Herwerden alii alia ‖ **4** 1 δέῃ Stephanus : δεῖ codd. ‖ 2 οὐκ — **5** 3 τάδε om. A ‖ **5** 1 Τὸ A recc. plerique : τῷ B ‖ 2 μακρῷ A recc. : μικρῷ B ‖ τῷ del. Schneider ‖ 3 αὖ A recc. : οὐ B ‖ γὰρ A recc. : καὶ B ‖ post ἵππῳ add. καὶ A ‖ 4 ὁπότερ' ἂν A : ὁποτέραν B ‖ **6** 6 δεήσειεν B : δεήσει A.

**7** Pour brider correctement, le piqueur doit d'abord s'avancer sur la gauche du cheval; puis, passant les rênes par-dessus l'encolure, qu'il les pose sur le garrot; qu'il soulève la têtière de la main droite et présente l'embouchure de la gauche [1]. **8** Si le cheval l'accepte, il faut naturellement mettre le frontal [2]; s'il n'ouvre pas la bouche, il faut, tout en tenant le mors contre les dents, introduire le pouce de la main gauche entre les barres. Grâce à ce procédé, le cheval desserre généralement la bouche. Mais si, même dans ces conditions il refuse le mors, que l'on appuie la lèvre contre les crochets; avec ce traitement il est bien rare qu'il le refuse.

**9** Il faut apprendre ceci encore au piqueur : d'abord à ne jamais conduire le cheval en main par une seule rêne; cela rend les barres inégales; ensuite, le jeu à donner entre le mors et les barres [3]. Un mors mis trop contre elles rend la bouche dure au point de lui faire perdre sa sensibilité, tandis que trop descendu vers le bas de la bouche il donne au cheval la faculté de ne plus obéir en prenant le mors aux dents [4].

**10** Il convient également que le piqueur observe si le cheval refuse d'accepter facilement le mors parce qu'il comprend qu'il va falloir travailler. Il est si important que le cheval accepte de prendre le mors que celui qui le refuse ne peut rendre absolument aucun service [5]. **11** Si toutefois on ne le bride pas seulement avant le travail mais encore quand on le ramène pour son repas, ou de la

1. Ce paragraphe 7 est sans doute, avec le suivant, celui qui, en raison de sa rigoureuse exactitude jusque dans les détails, étonnera le plus le cavalier d'aujourd'hui. Après vingt-cinq siècles, les gestes de brider le cheval n'ont pas changé. — Sur la têtière, voir 3, 2 et 5, 1.

2. Voir ci-dessus 3, 2 et la n. 5. Le frontal empêche la têtière de glisser en arrière vers l'encolure.

3. L'expression semble vague, mais le sens est clair. Xén. veut dire que le mors, au repos, ne doit appuyer ni sur les barres supérieures, les montants de bride étant trop serrés, ni sur les inférieures, les montants étant trop lâches.

4-5. *Notes complémentaires*, p. 135.

7 Ἵνα δὲ ὁ ἱπποκόμος καὶ τὸν χαλινὸν ὀρθῶς ἐμβάλῃ, πρῶτον μὲν προσίτω κατὰ τὰ ἀριστερὰ τοῦ ἵππου· ἔπειτα τὰς μὲν ἡνίας περιβαλὼν περὶ τὴν κεφαλὴν καθέτω ἐπὶ τῇ ἀκρωμίᾳ, τὴν δὲ κορυφαίαν τῇ δεξιᾷ αἱρέτω, τὸ δὲ στόμιον τῇ ἀριστερᾷ προσφερέτω. 8 Κἂν μὲν δέχηται, δῆλον ὅτι περιτιθέναι δεῖ τὸν κεκρύφαλον· ἐὰν δὲ μὴ ὑποχάσκῃ, ἔχοντα δεῖ πρὸς τοῖς ὀδοῦσι τὸν χαλινὸν τὸν μέγαν δάκτυλον τῆς ἀριστερᾶς χειρὸς εἴσω τῆς γνάθου τῷ ἵππῳ ποιῆσαι. Οἱ γὰρ πολλοὶ τούτου γιγνομένου χαλῶσι τὸ στόμα. Ἢν δὲ μηδ' οὕτω δέχηται, πιεσάτω τὸ χεῖλος περὶ τῷ κυνόδοντι· καὶ πάνυ τινὲς ὀλίγοι οὐ δέχονται τοῦτο πάσχοντες.

9 Δεδιδάχθω δὲ καὶ τάδε ὁ ἱπποκόμος, πρῶτον μὲν μήποτε ἄγειν μιᾶς ἡνίας τὸν ἵππον· τοῦτο γὰρ ἑτερογνάθους ποιεῖ· ἔπειτα δὲ ὅσον δεῖ ἀπέχειν τὸν χαλινὸν τῶν γνάθων. Ὁ μὲν γὰρ ἄγαν πρὸς αὐταῖς τυλοῖ τὸ στόμα, ὥστε μὴ εὐαίσθητον εἶναι, ὁ δὲ ἄγαν εἰς ἄκρον τὸ στόμα καθιέμενος ἐξουσίαν παρέχει συνδάκνοντι τὸ στόμιον μὴ πείθεσθαι.

10 Χρὴ δὲ τὸν ἱπποκόμον καὶ τὰ τοιάδε παρατηρεῖν, εἰ μὴ ῥᾳδίως τὸν χαλινὸν ὁ ἵππος δέχεται αἰσθανόμενος ὅτι δεῖ πονεῖν. Οὕτω γὰρ δὴ μέγα ἐστὶ τὸ λαμβάνειν ἐθέλειν τὸν ἵππον τὸν χαλινόν, ὡς ὁ μὴ δεχόμενος παντάπασιν ἄχρηστος. 11 Ἢν δὲ μὴ μόνον ὅταν πονεῖν μέλλῃ χαλινῶται, ἀλλὰ καὶ ὅταν ἐπὶ τὸν σῖτον καὶ ὅταν ἐξ ἱππασίας εἰς οἶκον ἀπάγηται, οὐδὲν ἂν εἴη

7 2 ἐμβάλῃ recc. : ἐμβάλλῃ A ἐκβάλῃ B ‖ 4 καθέτω A : καταθέτω B ‖ **8** 5 ποιῆσαι codd. : πιέσαι coni. Pierleoni fort. recte ‖ **9** 1 δὲ om. AB ‖ 2 μιᾶς ego : τῆς codd. τῆς μιᾶς coni. Pierleoni ἐκ μιᾶς τῆς Schneider ‖ 5 εὐαίσθητον Courier : εὐαίστητον A ἀναίσθητον B ‖ **10** 1 παρατηρεῖν AB : παρωξύνθαι aut παροξύνθαι aut alia recc. ‖ 2 μὴ — αἰσθανόμενός δ om. B ‖ 3 ὅτι A : τι B ‖ **11** 2 πονεῖν AB recc. plerique : πνεῖν recc. cett.

carrière à la maison, il n'y aurait rien de surprenant qu'il saisisse automatiquement le mors qu'on lui propose.

**12** Il est bon aussi que le piqueur sache mettre le cavalier à cheval à la perse [1], de façon que non seulement le maître, s'il est un jour indisposé ou s'il prend de l'âge, ait un homme pour le mettre en selle aisément, mais que, s'il veut être agréable à quelqu'un, il le soit en lui donnant un homme pour le faire monter.

**13** Ne jamais traiter le cheval avec colère, voilà la leçon et l'habitude entre toutes essentielle à son égard. La colère est chose inconsidérée, au point qu'elle porte souvent à l'accomplissement d'actes que l'on sera forcé de regretter.

**14** Et lorsque le cheval, par défiance de quelque objet, refuse d'avancer vers lui, il faut lui montrer qu'il n'a rien de terrible, si possible avec l'aide d'un cheval brave [2], à tout le moins en touchant soi-même ce qui a l'air terrible et en faisant avancer le cheval sans violence. **15** Mais le forcer par des coups ne fait qu'augmenter encore sa peur; car il s'imagine, s'il subit en pareil cas quelque mauvais traitement, que l'objet dont il se défie en est la cause [3].

**16** Nous ne désapprouvons pas, quand le piqueur amène le cheval au cavalier, qu'il sache le faire se baisser de manière à rendre aisée la mise en selle [4]. Nous estimons cependant que le cavalier sous les armes doit s'exercer à savoir se mettre en selle même si le cheval ne s'y prête pas [5]; car on ne se trouve pas toujours avec le même cheval, et un même cheval ne se soumet pas toujours de la même façon.

1. L'absence d'étriers oblige les Grecs à *sauter* à cheval (avec des étriers on *monte* à cheval); le piqueur, ou le palefrenier, peut aider le cavalier de petite taille, maladroit, ou âgé, en lui soulevant le genou gauche de ses paumes jointes. Voir *C. C.*, 1, 5; 17 et la n. 3, le conseil de Socrate dans les *Mém.*, 3, 3, 5 et, ci-dessus, 6, 6 sur la rapidité nécessaire de la mise en selle.

2-5. *Notes complémentaires*, p. 135.

θαυμαστὸν εἰ ἁρπάζοι τὸν χαλινὸν αὐτόματος προτεινόμενον.

12 Ἀγαθὸν δὲ τὸν ἱπποκόμον καὶ ἀναβάλλειν ἐπίστασθαι τὸν Περσικὸν τρόπον, ὅπως αὐτός τε ὁ δεσπότης, ἤν ποτε ἀρρωστήσῃ ἢ πρεσβύτερος γίγνηται ἔχῃ τὸν εὐπετῶς ἀναβιβάσοντα, καὶ ἄλλῳ ἤν τινι βούληται τὸν ἀναβαλοῦντα ἐπιχαρίσηται.

13 Τὸ δὲ μήποτε σὺν ὀργῇ τῷ ἵππῳ προσφέρεσθαι, ἓν τοῦτο καὶ δίδαγμα καὶ ἔθισμα πρὸς ἵππον ἄριστον. Ἀπρονόητον γὰρ ἡ ὀργή, ὥστε πολλάκις ἐξεργάζεται ὧν μεταμέλειν ἀνάγκη.

14 Καὶ ὅταν δὲ ὑποπτεύσας τι ὁ ἵππος μὴ θέλῃ πρὸς τοῦτο προσιέναι, διδάσκειν δεῖ ὅτι οὐ δεινόν ἐστι, μάλιστα μὲν σὺν ἵππῳ εὐκαρδίῳ, εἰ δὲ μή, ἁπτόμενον αὐτὸν τοῦ δεινοῦ δοκοῦντος εἶναι καὶ τὸν ἵππον πρᾴως προσάγοντα. 15 Οἱ δὲ πληγαῖς ἀναγκάζοντες ἔτι πλείω φόβον παρέχουσιν· οἴονται γὰρ οἱ ἵπποι, ὅταν τι χαλεπὸν πάσχωσιν ἐν τῷ τοιούτῳ, καὶ τούτου τὰ ὑποπτευόμενα αἴτια εἶναι.

16 Ἐπειδάν γε μὴν ὁ ἱπποκόμος τὸν ἵππον παραδιδῷ τῷ ἀναβάτῃ, τὸ μὲν ἐπίστασθαι ὑποβιβάζεσθαι τὸν ἵππον, ὥστε εὐπετὲς εἶναι ἀναβῆναι, οὐ μεμφόμεθα. Τόν γε μέντοι ἱππέα νομίζομεν χρῆναι μελετᾶν καὶ μὴ παρέχοντος ἵππου δύνασθαι ἀναβαίνειν· ἄλλοτε μὲν γὰρ ἀλλοῖος ἵππος παραπίπτει, ἄλλοτε δὲ ἄλλως ὁ αὐτὸς ὑπηρετεῖ.

**11** 4 ἁρπάζοι A : -πάζει B ‖ **12** 3 γίγνηται AB recc. plerique : γένηται cett. ‖ 4 ἀναβιβάσοντα A : -ζοντα B ‖ ἤν B : ἢ A ‖ **13** 1 τῷ om. A ‖ **14** 2 δεινόν Schneider : δεινά codd. ‖ 3 ante μάλιστα add. πρᾴως προσάγοντα A ‖ σὺν dubit. sed recte prop. Marchant uide adn. : οὖν codd. ‖ **16** 4 γε codd. : δὲ coni. Ruehl. ‖ 6 ἄλλως Dindorf : ἄλλω codd. an ἄλλῳ?

## VII

1 Nous écrirons maintenant, le cheval étant présenté à celui qui doit le monter, ce que le cavalier peut faire pour son plus grand avantage, à lui comme à celui du cheval, en matière d'art équestre.

En premier lieu, il doit saisir dans la main gauche [1] la longe qui se trouve, toute prête, fixée à la sous-barbe ou au caveçon [2], et la saisir assez lâche pour éviter, soit qu'il se dispose à se mettre en selle par une prise des crins près des oreilles, soit qu'il saute en s'aidant de la lance [3], de tirer le cheval. De la main droite, qu'il prenne les rênes près du garrot avec la crinière [4], de façon que, ni d'une manière ni de l'autre, il ne tire du mors, en montant, sur la bouche du cheval.

2 Puis [5], quand il prend de l'élan pour sauter, qu'il se hisse en l'air de la main gauche et qu'il s'enlève par une extension du bras droit (car cette façon de se mettre en selle lui épargnera encore d'offrir par derrière, de sa jambe pliée [6], un spectacle indécent) et que, sans poser non plus le genou sur le dos du cheval, il passe la jambe du côté droit. Quand son pied aura fait le tour, qu'il laisse alors descendre les fesses sur le cheval.

3 S'il se trouve que le cavalier mène le cheval [7] de la main gauche et tienne la lance de la droite, il nous semble bon qu'il s'exerce à sauter à cheval également du côté droit. Il suffit simplement d'apprendre à faire du côté gauche ce qu'on faisait du droit, et du droit ce qu'on faisait du

1. Les Grecs montent donc, ou sautent, à cheval, par le côté gauche, comme on fait encore aujourd'hui. Le côté droit est dit « hors montoir ». Exception à cette règle, ci-dessous § 3.

2. Voir l'interprétation de Vigneron, t. I, p. 66-72, qui, sur ce point, corrige avec raison mon A.E. Le cavalier saisit la longe (ἀγωγεύς ou ῥυταγωγεύς) fixée à la mentonnière (ὑποχαλινιδία) ou au caveçon (ψάλιον). Voir l'appendice.

3. Le cavalier grec armé a deux manières de sauter à cheval, selon qu'il tient ou ne tient pas une lance.

4-7. *Notes complémentaires*, p. 135-136.

# VII

1 Ὅταν γε μὴν παραδέξηται τὸν ἵππον ὡς ἀναβησόμενον, νῦν αὖ γράψομεν ὅσα ποιῶν ὁ ἱππεὺς καὶ ἑαυτῷ καὶ τῷ ἵππῳ ὠφελιμώτατος ἂν ἐν τῇ ἱππικῇ εἴη. Πρῶτον μὲν τοίνυν τὸν ῥυταγωγέα χρὴ ἐκ τῆς ὑποχαλινιδίας ἢ ἐκ τοῦ ψαλίου ἠρτημένον εὐτρεπῆ εἰς τὴν ἀριστερὰν χεῖρα λαβεῖν καὶ οὕτω χαλαρὸν ὡς μήτ' ἂν [ἀνιὼν] τῶν τριχῶν παρὰ τὰ ὦτα λαβόμενος μέλλῃ ἀναβήσεσθαι μήτ' ἐὰν ἀπὸ δόρατος ἀναπηδᾷ, σπᾶν τὸν ἵππον. Τῇ δεξιᾷ δὲ τὰς ἡνίας παρὰ τὴν ἀκρωμίαν λαμβανέτω ὁμοῦ τῇ χαίτῃ, ὅπως μηδὲ καθ' ἕνα τρόπον ἀναβαίνων σπάσῃ τῷ χαλινῷ τὸ στόμα τοῦ ἵππου.

2 Ἐπειδὰν δὲ ἀνακουφίσῃ ἑαυτὸν εἰς τὴν ἀνάβασιν, τῇ μὲν ἀριστερᾷ ἀνιμάτω τὸ σῶμα, τὴν δὲ δεξιὰν ἐκτείνων συνεπαιρέτω ἑαυτόν — οὕτω γὰρ ἀναβαίνων οὐδὲ ὄπισθεν αἰσχρὰν θέαν παρέξει συγκεκαμμένῳ τῷ σκέλει — καὶ μηδὲ τὸ γόνυ ἐπὶ τὴν ῥάχιν τιθέτω τοῦ ἵππου, ἀλλ' ὑπερβησάτω ἐπὶ τὰς δεξιὰς πλευρὰς τὴν κνήμην. Ὅταν δὲ περιενέγκῃ τὸν πόδα, τότε καὶ τὼ γλουτὼ καθέτω ἐπὶ τὸν ἵππον.

3 Ἢν δὲ τύχῃ ὁ ἱππεὺς τῇ μὲν ἀριστερᾷ ἄγων τὸν ἵππον, τῇ δὲ δεξιᾷ τὸ δόρυ ἔχων, ἀγαθὸν μὲν ἡμῖν δοκεῖ εἶναι τὸ καὶ ἐκ τῶν δεξιῶν μελετῆσαι ἀναπηδᾶν. Μαθεῖν δ' οὐδὲν δεῖ ἄλλο ἢ ἃ μὲν τότε τοῖς δεξιοῖς τοῦ σώματος ἐποίει τοῖς ἀριστεροῖς ποιεῖν, ἃ δὲ τότε τοῖς ἀριστεροῖς

1 1 ἵππον ὡς ἀναβησόμενον ego : ἱππέα ὡς ἀναβησόμενον codd. ἵππον ὡς ἀναβησόμενος Camerarius ‖ 4 πρῶτον — ὑποχαλινιδίας om. A ‖ 7 ἀνιὼ[-ῶ- recc. aliquot]ν AB del. Courier : ἀνιμῶν Stephanus αὐτῶν Pollack ‖ 2 4 post συγκεκαμμένῳ add. δὲ recc. ‖ 5 μηδὲ Hermann : μήτε codd. ‖ τιθέτω post ἵππου transp. recc. ‖ 7 τὼ γλουτὼ Stephanus : τῷ γλουτῷ codd.

gauche. **4** Si nous recommandons cette façon de sauter à cheval, c'est avec l'idée que le cavalier, au moment même où il est en selle, soit parfaitement prêt s'il lui faut brusquement se mesurer avec des ennemis.

**5** Lorsque le cavalier est à cheval, que ce soit à cru ou sur une selle, nous ne recommandons pas qu'il soit placé comme sur un siège [1], mais comme debout [2] avec les jambes écartées. De la sorte il aura les cuisses mieux au contact, et sa position debout lui donnera plus de force, en cas de besoin, pour lancer le javelot et porter des coups du haut de sa monture.

**6** Il convient aussi de laisser tomber la jambe libre, à partir du genou, en même temps que le pied. En tenant la jambe raide, si on la heurtait contre quelque objet, elle pourrait être brisée, tandis qu'avec une jambe souple, si quelque chose vient à cogner contre elle, elle s'efface, sans aucun déplacement de la cuisse [3]. **7** Le cavalier doit encore habituer à la plus grande souplesse le haut du corps au-dessus des hanches. Il peut ainsi toujours mieux supporter les fatigues et, si on le tire ou si on le pousse, il risque moins d'être désarçonné.

**8** Un fois en selle, il doit d'abord apprendre à son cheval à rester calme [4] jusqu'à ce qu'il ait, le cas échéant, tiré ses affaires sous lui [5] et ajusté les rênes, et prendre la lance de manière à l'avoir bien en main. Ensuite, qu'il tienne le bras gauche [6] contre les côtes; ainsi le cavalier en armes sera le plus à l'aise et aura le plus de force dans la main.

**9** Les rênes, nous recommandons celles qui sont égales,

1. C'est-à-dire les genoux relevés, position qui prouve que le cavalier se contracte et cherche son équilibre en s'accrochant au cheval.

2. C'est-à-dire la jambe descendue aussi bas que possible et le corps droit.

3. Conseil excellent mais le motif allégué ne vaut rien. — Tout le passage montre que pour Xén. l'adhérence est obtenue avant tout par les fesses, les cuisses, les genoux, et il est loin d'avoir tort. On tend cependant aujourd'hui, dans certains cas, à libérer le genou pour obtenir une adhérence plus grande de la jambe, au mollet, mais sans cesser d'exiger sa souplesse.

4-6. *Notes complémentaires*, p. 136.

τοῖς δεξιοῖς. 4 Τούτου δ' ἕνεκα καὶ ταύτην ἐπαινοῦμεν τὴν ἀνάβασιν, ὅτι ἅμα τε ἀναβεβηκὼς ἂν εἴη καὶ κατεσκευασμένος πάντα, εἴ τι δέοι ἐξαίφνης πρὸς πολεμίους ἀγωνίζεσθαι.

5 Ἐπειδάν γε μὴν καθέζηται ἐάν τε ἐπὶ ψιλοῦ ἐάν τε ἐπὶ τοῦ ἐφιππίου, οὐ τὴν ὥσπερ ἐπὶ [τοῦ] δίφρου ἕδραν ἐπαινοῦμεν, ἀλλὰ τὴν ὥσπερ εἰ ὀρθὸς ἂν διαβεβηκὼς εἴη τοῖν σκελοῖν. Τοῖν τε γὰρ μηροῖν οὕτως ἂν ἔχοιτο μᾶλλον τοῦ ἵππου, καὶ ὀρθὸς ὢν ἐρρωμενεστέρως ἂν δύναιτο καὶ ἀκοντίσαι καὶ πατάξαι ἀπὸ τοῦ ἵππου, εἰ δέοι.

6 Χρὴ δὲ καὶ χαλαρὰν ἀπὸ τοῦ γόνατος ἀφεῖσθαι τὴν κνήμην σὺν τῷ ποδί. Σκληρὸν μὲν γὰρ ἔχων τὸ σκέλος εἰ προσκόψειέ τῳ, κεκλασμένος ἂν εἴη· ὑγρὰ δὲ οὖσα ἡ κνήμη, εἴ τι καὶ προσπίπτοι αὐτῇ, ὑπείκοι ἂν καὶ τὸν μηρὸν οὐδὲν μετακινοίη. 7 Δεῖ δὲ τὸν ἱππέα καὶ τὸ ἄνωθεν τῶν ἑαυτοῦ ἰσχίων σῶμα ὡς ὑγρότατον ἐθίζειν εἶναι. Οὕτω γὰρ ἂν πονεῖν τε ἔτι μᾶλλον δύναιτο, καὶ εἰ ἕλκοι τις αὐτὸν ἢ ὠθοίη, ἧττον ἂν σφάλλοιτο.

8 Ἐπειδάν γε μὴν καθέζηται, πρῶτον μὲν ἠρεμεῖν δεῖ διδάσκειν τὸν ἵππον, ἕως ἂν καὶ ὑποσπάσηται, ἤν τι δέηται, καὶ ἡνίας ἰσώσηται, καὶ δόρυ λαβεῖν ὡς ἂν εὐφορώτατον εἴη. Ἔπειτα δὲ ἐχέτω τὸν ἀριστερὸν βραχίονα πρὸς ταῖς πλευραῖς· οὕτω γὰρ εὐσταλέστατός τε ὁ ἱππεὺς ἔσται καὶ ἡ χεὶρ ἐγκρατεστάτη.

9 Ἡνίας γε μὴν ἐπαινοῦμεν ὁποῖαι ἴσαι τέ εἰσι καὶ

**5** 1 καθέζηται A : καθίζηται B recc. plerique καθῆται N κάθηται Dindorf ‖ 2 τὴν A recc. : μὴν B ‖ τοῦ del. Cobet ‖ 3 εἰ om. B recc. ‖ ὀρθὸς ABD : ὀρθῶς cett. ‖ **6** 3 κεκλασμένός Dindorf : προσ- codd. προ- Pollack κατα- Cobet προσκείμενος Ruehl ‖ **7** 3 πονεῖν A : ποιεῖν B ‖ τε om. B ‖ 4 σφάλλοιτο Stephanus cf. 3, 9 : ἐφάλλοιτο B ἀφάλλοιτο A ‖ **8** 1 καθέζηται Marchant coll. 5, 1 : καθίζηται codd. κάθηται Dindorf ‖ 3 τὰς ante ἡνίας add. Hermann fort. recte ‖ λαβεῖν codd. : λάβῃ coni. Castalio ‖ ὡς A : ἕως B ‖ 4 ἂν om. A.

résistantes sans être glissantes, ni épaisses non plus pour qu'en cas de besoin [1] la main puisse recevoir aussi la lance.

**10** Lorsque l'on commande au cheval de se porter en avant [2], il faut partir au pas ; c'est ce qui énerve le moins. Que l'on tienne les rênes la main un peu haute si le cheval laisse tomber l'encolure, un peu basse s'il la relève trop ; c'est ainsi qu'il aura la plus belle attitude.

**11** Après quoi, prenant naturellement [3] le trot, il se détendra de la manière la moins pénible [4] et pourra passer le plus agréablement du monde au galop. Et puis, comme il est plus estimé de partir du pied gauche [5], le meilleur moyen pour le faire partir ainsi, c'est, lorsqu'il est au trot [6], de choisir l'instant où il s'enlève du pied droit pour lui commander le galop ; **12** car s'il est sur le point de lever le pied gauche, il partira du pied gauche ; et à l'instant où il tourne sur la gauche il fait son passage au galop. En effet le cheval est naturellement porté, s'il tourne à droite, à mettre en avant le pied droit, s'il tourne à gauche, le pied gauche.

**13** Nous recommandons aussi l'exercice dénommé le huit [7], car il accoutume à tourner sur les deux barres ; il est bon, encore, de travailler aux deux mains, pour que les deux barres deviennent égales en s'adaptant aux deux sens du travail. **14** Nous recommandons aussi le huit allongé de préférence au huit arrondi. Ainsi le cheval, déjà saturé

1. La proposition finale se rattache au dernier adjectif, « ni épaisses » : le cavalier peut être amené à prendre la lance dans la main gauche qui tient déjà les rênes.

2. Depuis le début du chapitre le cavalier a été à pied, puis à cheval, mais toujours arrêté. Maintenant le cheval marche.

3. L'adverbe porte l'idée : le cheval grec a du sang. Il doit prendre spontanément le trot, et garder un moment cette allure pour se détendre au sortir de l'écurie.

4. Dépourvu d'étriers, le cavalier grec devait préférer le pas ou le galop.

5. Préférer le départ du pied gauche ne peut être qu'une question de mode puisque, quelques lignes plus loin, Xén. envisage le départ à droite. Au temps de Fillis, la mode était à l'opposé : « On doit toujours commencer par le galop à droite, et pour cela se mettre à main droite » (p. 193).

6-7. *Notes complémentaires*, p. 136.

μὴ ἀσθενεῖς μηδὲ ὀλισθηραὶ μηδὲ παχεῖαι, ἵνα καὶ τὸ δόρυ ὅταν δέῃ δέχεσθαι ἡ χεὶρ δύνηται.

10 Ὅταν δὲ προχωρεῖν σημήνῃ τῷ ἵππῳ, βάδην μὲν ἀρχέσθω· τοῦτο γὰρ ἀταρακτότατον. Ἡνιοχείτω δέ, ἢν μὲν κυφαγωγότερος ᾖ ὁ ἵππος, ἀνωτέρω ταῖς χερσίν, ἢν δὲ μᾶλλον ἀνακεκυφώς, κατωτέρω· οὕτω γὰρ ἂν μάλιστα κοσμοίη τὸ σχῆμα.

11 Μετὰ δὲ ταῦτα τὸν αὐτοφυῆ διατροχάζων διαχαλῴη τ' ἂν ἀλυπότατα τὸ σῶμα καὶ εἰς τὸ ἐπιραβδοφορεῖν
ἥδιστ' ἂν ἀφικνοῖτο. Ἐπειδήπερ καὶ ἀπὸ τῶν ἀριστερῶν
ἄρχεσθαι εὐδοκιμώτερον, ὧδ' ἂν μάλιστα ἀπὸ τούτων
ἄρχοιτο, εἰ διατροχάζοντος μέν, ὁπότε ἀνατείνοι τῷ
δεξιῷ τότε σημαίνοι τῷ ἵππῳ τὸ ἐπιραβδοφορεῖν· 12
τὸ γὰρ ἀριστερὸν μέλλων αἴρειν ἐκ τούτου ἂν ἄρχοιτο·
καὶ ὁπότε ἐπὶ τὰ εὐώνυμα ἀναστρέφοι, τότε καὶ τῆς
ἐπισκελίσεως ἄρχοιτο. Καὶ γὰρ πέφυκεν ὁ ἵππος εἰς
μὲν τὰ δεξιὰ στρεφόμενος τοῖς δεξιοῖς ἀφηγεῖσθαι,
εἰς εὐώνυμα δὲ τοῖς ἀριστεροῖς.

13 Ἱππασίαν δ' ἐπαινοῦμεν τὴν πέδην καλουμένην· ἐπ' ἀμφοτέρας γὰρ τὰς γνάθους στρέφεσθαι ἐθίζει. Καὶ τὸ μεταβάλλεσθαι δὲ τὴν ἱππασίαν ἀγαθόν, ἵνα ἀμφότεραι αἱ γνάθοι καθ' ἑκάτερον τῆς ἱππασίας ἰσάζωνται. 14 Ἐπαινοῦμεν δὲ καὶ τὴν ἑτερομήκη πέδην μᾶλλον τῆς κυκλοτεροῦς. Ἥδιον μὲν γὰρ οὕτως ἂν στρέφοιτο ὁ ἵππος ἤδη πλήρης ὢν τοῦ εὐθέος, καὶ

**10** 1 σημήνῃ B : σημαίνῃ A ‖ 3 κυφαγωγότερος Pollux 1, 197 : κουφαγότερος A κουφαγωγότερος aut -τατος cett. ‖ **11** 3 Ἐπειδήπερ recc. aliquot : ἐπεὶ δέ περ AB ‖ 4 ὧδ' A recc. : ὧν δ' B ‖ τούτων B : τούτου A ‖ 5 ὁπότε ἀνατείνοι ego : ὁπότε ἀναβαίνοι codd. ὁπότε ἐμβαίνοι coni. Hermann ὁπόταν βαίνοι Christian ‖ 6 τὸ ἐπιραβδοφορεῖν Zeune : ἐπὶ τὸ ῥαβδοφορεῖν aut ἐπὶ τῷ ῥαβδοφορεῖν codd. τῷ ἐπιραβδοφορεῖν coni. Stephanus ‖ **12** 3 ἐπισκελίσεως Pollux 1, 214 : ἐπικλίσεως aut ἐπὶ τῆς κλίσεως codd. ‖ **14** 2 ἂν στρέφοιτο Schneider : ἀναστρέφοιτο codd. ἂν ἀναστρέφοιτο coni. Widdra

de la ligne droite, tournera plus volontiers, et s'exercera à la fois à courir droit et à ployer le corps.

**15** Il faut encore soutenir le cheval dans les voltes; car il est malaisé pour lui, et dangereux, de se courber serré aux allures vives, surtout si le terrain est dur ou glissant [1].

**16** Quand on le soutient, il faut éviter le plus possible d'incliner le cheval avec la bride, le plus possible aussi de s'incliner soi-même; sinon, il faut bien le savoir, un rien suffira pour que l'on se trouve par terre, soi-même et le cheval.

**17** Lorsqu'après une volte le cheval est mis face à la ligne droite, qu'on le lance alors au galop allongé; car il est évident qu'à la guerre aussi les voltes sont prélude à la poursuite et à la fuite [2]. Il est donc bon d'exercer le cheval à allonger l'allure après avoir tourné.

**18** Lorsque l'on juge qu'il a sa dose de travail de manège il est bon, après une pause, de le lancer encore aux allures les plus vives et, notez-le, en s'écartant des chevaux, non dans leur direction [3]; puis il faut le remettre au calme le plus tôt possible après l'allure vive et, après l'arrêt, le faire tourner pour un élan nouveau; car il est très évident qu'un jour viendra [4] où l'on aura besoin de ces deux mouvements.

**19** Lorsque sera venu le moment de mettre pied à terre, on ne le fera ni parmi des chevaux, ni près d'un groupe d'hommes, ni hors de la carrière, mais c'est à l'endroit même où il est contraint de travailler que le cheval doit trouver le soulagement [5].

1. Si le cheval est sur le mauvais pied, il risque de se croiser (cf. 1, 7); sur le bon, il peut glisser et tomber; pensée voisine en *C. C.*, 3, 14.

2. La fuite est normalement précédée d'un demi-tour brusque et le cheval est naturellement porté à allonger l'allure après un cercle : encore une remarque fondée sur l'expérience du combat à cheval; cf. *C. C.*, 8, 23-24.

3. Voir 3, 4 et la n. 7.

4. A la guerre.

5. Le travail de manège a lieu sur la carrière, à une certaine distance de l'écurie. Le cavalier se fait amener son cheval par le piqueur sur le terrain; le travail terminé, il rend le cheval au piqueur, qui le ramène, en main, à la maison; voir la journée d'Ischomaque dans l'*Ec.*, 11, 15-18.

τό τε ὀρθοδρομεῖν καὶ τὸ ἀποκάμπτειν ἅμα μελετῴη ἄν.

15 Δεῖ δὲ καὶ ὑπολαμβάνειν ἐν ταῖς στροφαῖς· οὐ γὰρ ῥᾴδιον τῷ ἵππῳ οὐδ' ἀσφαλὲς ἐν τῷ τάχει ὄντα κάμπτειν ἐν μικρῷ, ἄλλως τε κἂν ἀπόκροτον ἢ ὀλισθηρὸν ᾖ τὸ χωρίον. 16 Ὅταν γε μὴν ὑπολαμβάνῃ, ὡς ἥκιστα μὲν χρὴ τὸν ἵππον πλαγιοῦν τῷ χαλινῷ, ὡς ἥκιστα δ' αὐτὸν πλαγιοῦσθαι· εἰ δὲ μή, εὖ χρὴ εἰδέναι ὅτι μικρὰ πρόφασις ἀρκέσει κεῖσθαι καὶ αὐτὸν καὶ τὸν ἵππον.

17 Ἐπειδάν γε μὴν ἐκ τῆς στροφῆς εἰς τὸ εὐθὺ βλέπῃ ὁ ἵππος, ἐν τούτῳ πρὸς τὸ θᾶττον αὐτὸν ὁρμάτω· δῆλον γὰρ ὅτι καὶ ἐν τοῖς πολέμοις αἱ στροφαί εἰσι τοῦ διώκειν ἢ τοῦ ἀποχωρεῖν ἕνεκα. Ἀγαθὸν οὖν τὸ στραφέντα ταχύνειν μελετᾶν.

18 Ὅταν δὲ ἱκανῶς ἤδη δοκῇ τὸ γυμνάσιον τῷ ἵππῳ ἔχειν, ἀγαθὸν καὶ διαναπαύσαντα ὁρμῆσαι αὖθις εἰς τὸ τάχιστον, καὶ ἀφ' ἵππων μέντοι μὴ πρὸς ἵππους· καὶ ἐκ τοῦ ταχέος αὖ ὡς ἐγγυτάτω ἠρεμίζειν, καὶ ἐκ τοῦ ἑστάναι δὲ στρέψαντα δεῖ πάλιν ὁρμᾶν· πρόδηλον γὰρ ὅτι ἔσται ποτὲ ὅτε ἑκατέρου τούτων δεήσει.

19 Ὅταν γε μὴν καταβαίνειν ἤδη καιρὸς ᾖ, μήτε ἐν ἵπποις ποτὲ καταβαίνειν μήτε παρὰ σύστασιν ἀνθρώπων μήτ' ἔξω τῆς ἱππασίας, ἀλλ' ὅπουπερ καὶ πονεῖν ἀναγκάζεται ὁ ἵππος, ἐνταῦθα καὶ τῆς ῥᾳστώνης τυγχανέτω.

**16** 3 αὐτὸν codd. : αὑτὸν coni. Widdra ‖ **17** 1 εὐθὺ A : εὐθὺς B ‖ 3 πολέμοις AM : πολεμίοις cett. ‖ ante τοῦ add. αἱ B ἢ M² ‖ **18** 2 διαναπαύσαντα A : διαπαύσαντα B ‖ αὖθις A : ἐξαίφνης B αὖθις ἐξαίφνης coni. Tommasini ‖ 4 ταχέος AB : ταχέως recc. ‖ 5 δεῖ codd. : del. Leunclavius ‖ 6 ἑκατέρου B : ἑκάστου A.

# VIII

1 Puisqu'il y a des cas où le cheval devra courir dans les descentes, dans les montées et en oblique, d'autres où il devra sauter en largeur, d'autres en longueur, quelquefois en contre-bas, il faut lui apprendre tous ces exercices et les pratiquer, cavalier, sans restriction, comme cheval. C'est ainsi que tous deux se tireront mutuellement d'affaire et sembleront plus utiles l'un à l'autre.

2 Si l'on trouve une redite de notre part, sous prétexte que nous parlons ici de questions déjà traitées plus haut [1], non, il n'y a pas redite. Lorsqu'il s'agissait d'acheter, nous prescrivions d'éprouver les aptitudes du cheval à ces exercices; tandis que maintenant nous affirmons la nécessité d'instruire sa monture et nous allons écrire comment il faut l'instruire.

3 Le cheval complètement inexpérimenté [2] au saut en largeur, il faut le prendre par la longe [3] et, une fois qu'on a sauté à terre [4], passer soi-même le premier le fossé; tendre ensuite de la longe pour qu'il saute. 4 S'il refuse, qu'un homme, armé d'un fouet ou d'une cravache, lui en donne avec la plus grande vigueur; alors il fera un saut, non pas de l'espace à franchir, mais beaucoup plus large [5] qu'il ne faut; désormais, il n'y aura plus besoin de frapper : il suffira qu'il voie quelqu'un survenu par derrière pour qu'il saute.

5 Lorsqu'il aura pris l'habitude de sauter ainsi en largeur, il faut l'amener, monté, sur des fossés d'abord étroits, plus larges ensuite. Quand il est sur le point de sauter, il faut lui donner de l'éperon. De la même façon, qu'on lui apprenne à sauter les contre-hauts et les contre-

1. Voir 3, 7 : il s'agissait alors des qualités exigées du cheval que l'on achète pour en faire un cheval d'armes.

2. Le jeune cheval ne sait pas sauter, et de lui-même il ne sauterait pas.

3. Sur la longe, voir 7, 1 avec la n. 2 et l'appendice.

4-5. *Notes complémentaires*, p. 136-137.

## VIII

1 Ἐπείπερ δ' ἔστιν ὅπου τρέχειν δεήσει τὸν ἵππον καὶ πρανῆ καὶ ὄρθια καὶ πλάγια, ἔστι δ' ὅπου διαπηδᾶν, ἔστι δ' ὅπου καὶ ἐκπηδᾶν, ἔνθα δὲ καθάλλεσθαι, καὶ ταῦτα πάντα διδάσκειν τε δεῖ καὶ μελετᾶν καὶ αὐτὸν καθόλου καὶ τὸν ἵππον. Οὕτω γὰρ ἂν σωτήριοί τε εἶεν ἀλλήλοις καὶ χρησιμώτεροι ἂν δοκοῖεν εἶναι.

2 Εἰ δέ τις διλογεῖν ἡμᾶς οἴεται, ὅτι περὶ τῶν αὐτῶν λέγομεν νῦν τε καὶ πρόσθεν, οὐ διλογία ταῦτ' ἐστίν. Ὅτε μὲν γὰρ ἐωνεῖτο, πειρᾶσθαι ἐκελεύομεν, εἰ δύναιτο ὁ ἵππος ταῦτα ποιεῖν· νῦν δὲ διδάσκειν φαμὲν χρῆναι τὸν ἑαυτοῦ καὶ γράψομεν ὡς δεῖ διδάσκειν.

3 Τὸν μὲν γὰρ παντάπασιν ἄπειρον τοῦ διαπηδᾶν λαβόντα δεῖ τοῦ ἀγωγέως καταβεβλημένον προδιαβῆναι αὐτὸν τὴν τάφρον, ἔπειτα δὲ ἐντείνειν δεῖ τῷ ἀγωγεῖ ὡς διάλληται. 4 Ἢν δὲ μὴ ἐθέλῃ, ἔχων τις μάστιγα ἢ ῥάβδον ἐμβαλέτω ὡς ἰσχυρότατα· καὶ οὕτως ὑπεραλεῖται οὐ τὸ μέτρον, ἀλλὰ πολὺ πλεῖον τοῦ καιροῦ· καὶ τὸ λοιπὸν οὐδὲν δεήσει παίειν, ἀλλ' ἢν μόνον ἴδῃ ὄπισθέν τινα ἐπελθόντα, ἁλεῖται.

5 Ἐπειδὰν δὲ οὕτω διαπηδᾶν ἐθισθῇ, καὶ ἀναβεβηκὼς ἐπαγέτω τὸ μὲν πρῶτον μικράς, ἔπειτα δὲ καὶ μείζους. Ὅταν δὲ μέλλῃ πηδᾶν, παισάτω αὐτὸν τῷ μύωπι. Ὡσαύτως δὲ καὶ τὸ ἀναπηδᾶν καὶ καταπηδᾶν

**1** 1 Ἐπείπερ δ' Marchant : ἐπειδήπερ codd. ἐπειδήπερ δὲ coni. Richards ‖ 2 ὄρθια Courier : ὄρεια aut ὄρεια codd. ‖ 3 post δὲ add. καὶ recc. ‖ 5 καθόλου codd. : del. Dindorf ante χρησιμώτεροι transp. Pollack ‖ **2** 5 ἑαυτοῦ καὶ om. A ‖ **3** 2 καταβεβλημένον codd. : -μένου Mα² Stephanus ‖ **4** 3 καιροῦ B : καιρίου A ‖ **5** 2 ante μικρὰς add. ἐπὶ Leunclavius ante μικρὰς et μείζους add. ἐπὶ Schneider ‖ 4 ante καταπηδᾶν add. τὸ recc.

bas, après avoir donné de l'éperon; car s'il se ramasse [1] au cours de toutes ces actions, le cheval agira avec plus de sûreté pour lui-même et pour le cavalier [2], plus que s'il a les membres désunis, surtout les postérieurs, dans un saut en largeur, en contre-haut ou en contre-bas.

**6** Pour les descentes, il convient de l'y former en terrain mou [3]; et lorsqu'il y sera habitué, il finira par courir beaucoup plus volontiers [4] dans les descentes que dans les montées. Quant à la crainte que certains éprouvent de voir les chevaux se briser l'épaule s'ils sont poussés dans les descentes, qu'ils apprennent que Perses et Odryses, pratiquant tous des concours de descente [5], n'ont pas leurs chevaux moins sains que les Grecs.

**7** Nous ne négligerons pas non plus d'exposer la manière dont le cavalier doit se plier à chacun de ces mouvements. Il convient, si le cheval s'élance brusquement, de se pencher en avant : il aura moins de chances de s'échapper sous le cavalier en envoyant celui-ci en l'air [6]; s'il s'arrête court, de se renverser en arrière : c'est la meilleure manière d'éviter la secousse.

**8** Lorsqu'on saute un fossé ou qu'on se lance sur une montée, il est bon de saisir la crinière [7], pour ne pas alourdir le cheval à la fois par le terrain et par la main; sur les descentes, il faut renverser un peu le corps en arrière et soutenir le cheval [8] avec le mors, afin que ni cavalier ni monture ne soient emportés précipitamment sur la pente.

**9** Il est indiqué, encore, de changer les terrains de travail et de faire des reprises tantôt longues et tantôt brèves; cette variété lasse moins le cheval que si l'on reste toujours sur le même terrain et si le travail est toujours pareil.

1. C'est une bonne habitude de « monter fort » avant l'obstacle : réveillé par l'éperon, le cheval « ramasse » sous lui ses jambes et risque moins d'accrocher l'obstacle. — Par « saut en largeur », Xén. ne vise pas seulement les fossés, mais le saut des obstacles hauts, dont la largeur, plus ou moins grande, exige également un saut en largeur.

2. Il évite les chutes et les épargne à son cavalier.

3-8. *Notes complémentaires*, p. 137.

διδάσκειν παίσαντα τῷ μύωπι· ἀθρόῳ γὰρ τῷ σώματι ταῦτα πάντα ποιῶν καὶ ἑαυτῷ ὁ ἵππος καὶ τῷ ἀναβάτῃ ἀσφαλέστερον ποιήσει μᾶλλον ἢ ἀν' ἕνα εἴ πῃ τὰ ὄπισθεν ἢ διαπηδῶν ἢ ἀνορούων ἢ καθαλλόμενος.

6 Εἴς γε μὴν τὸ κάταντες πρῶτον χρὴ ἐν μαλακῷ χωρίῳ διδάσκειν, καὶ τελευτῶν, ἐπειδὰν τοῦτο ἐθισθῇ, πολὺ ἥδιον τὸ πρανὲς τοῦ ὀρθίου δραμεῖται. Ἃ δὲ φοβοῦνταί τινες μὴ ἀπορρηγνύωνται τοὺς ὤμους κατὰ τὰ πρανῆ ἐλαυνόμενοι, μαθέτωσαν ὅτι Πέρσαι καὶ Ὀδρύσαι ἅπαντες τὰ κατάντη ἁμιλλώμενοι οὐδὲν ἧττον τῶν Ἑλλήνων ὑγιεῖς τοὺς ἵππους ἔχουσιν.

7 Παρήσομεν δὲ οὐδὲ ὅπως τὸν ἀναβάτην ὑπηρετεῖν δεῖ πρὸς ἕκαστα τούτων. Χρὴ γὰρ ὁρμῶντος μὲν ἐξαίφνης τοῦ ἵππου προνεύειν· ἧττον γὰρ ἂν καὶ ὑποδύοι ὁ ἵππος καὶ ἀναβάλλοι τὸν ἀναβάτην· ἐν μικρῷ δὲ ἀναλαμβανομένου ἀναπίπτειν· ἧττον γὰρ ἂν αὐτὸς κόπτοιτο.

8 Τάφρον δὲ διαλλομένου καὶ πρὸς ὄρθιον ἱεμένου καλὸν χαίτης ἐπελαμβάνεσθαι, ὡς μὴ ὁ ἵππος τῷ τε χωρίῳ ἅμα καὶ τῷ χαλινῷ βαρύνηται· εἴς γε μὴν τὸ πρανὲς καὶ ἑαυτὸν ὑπτιώτερον ποιητέον καὶ τοῦ ἵππου ἀντιληπτέον τῷ χαλινῷ, ὡς μὴ προπετῶς εἰς τὸ κάταντες μήτε αὐτὸς μήτε ὁ ἵππος φέρηται.

9 Ὀρθῶς δ' ἔχει καὶ τὸ ἄλλοτε μὲν ἐν ἄλλοις τόποις, ἄλλοτε δὲ μακράς, ἄλλοτε δὲ βραχείας τὰς ἱππασίας ποιεῖσθαι· ἀμισέστερα γὰρ καὶ ταῦτα τῷ ἵππῳ τοῦ ἀεὶ ἐν τοῖς αὐτοῖς τόποις καὶ ὁμοίας τὰς ἱππασίας ποιεῖσθαι.

**5** 5 παίσαντα AB : παισάτω recc. ‖ 7 μᾶλλον — ὄπισθεν om. A ‖ ἀν' ἕνα εἴ πῃ Pernée : ἀνενα εἴ πῃ B uerbis uarie fastigatis aut sectis recc. ἂν ἐλλείπῃ Leunclavius ἂν ἐκλείπῃ Brodaeus ‖ **6** 5 μαθέτωσαν AB : θαρρούντων μαθόντες recc. ‖ 6 ante τὰ add. εἰς Stephanus ‖ **7** 3 τοῦ om. B recc. ‖ **8** 2 καλὸν AB recc. plerique : κακὸν aut οὐ καλὸν cett. ‖ 4 ποιητέον om. B recc. ‖ **9** 4 ὁμοίας AB : ὁμοίως recc.

**10** Puisqu'il faut pousser de toutes ses forces son cheval en terrain varié tout en conservant son assiette et savoir bien se servir monté de ses armes, on approuve, là où se trouve une contrée propice et giboyeuse, la pratique de l'équitation par des chasses [1]. Là où il n'y en a pas, un bon exercice aussi est d'aligner deux cavaliers : l'un s'échappe à cheval en terrains variés et fuit en retournant la lance derrière lui; l'autre prend la chasse, avec des javelots mouchetés et une lance arrangée de même; arrivé à portée de trait, il lance les javelots mouchetés sur le fuyard; à portée de lance, il en frappe l'adversaire attrapé [2]. **11** Il est bon, aussi, une fois venu le corps à corps, de tirer à soi son adversaire : cela est propre à le faire tomber. Quand on est tiré, il est indiqué de pousser son cheval contre l'autre : avec ce procédé, celui qui est tiré, au lieu de tomber, fera tomber celui qui le tire.

**12** Et si, deux camps étant face à face [3], s'engage un combat à cheval où l'on poursuit les adversaires jusqu'à la ligne ennemie, pour se replier jusqu'à la ligne amie, il est bon dans ce cas de savoir que tant qu'on est près des amis, la manœuvre élégante et sûre consiste à tourner avant les autres pour presser l'adversaire de toutes ses forces et, quand on arrive près des ennemis, à avoir son cheval bien en main [4]. C'est ainsi que l'on peut, comme il est naturel, faire le plus grand mal à l'adversaire sans en recevoir de lui.

**13** Les dieux ont donné aux hommes la faculté d'enseigner son devoir à l'homme au moyen de la parole [5], mais au

1. Non pas les chasses décrites dans l'*Art de la chasse*, où le chasseur est à pied, mais les chasses au gros gibier telles qu'elles sont décrites dans l'*Anab.* (1, 2, 7; 5, 2), ou dans la *Cyrop.* (1, 4, *passim*; 2, 4, 20), où Xén. expose en outre les vertus de la chasse pour la formation du cavalier (8, 1, 24-25).

2. Il existe encore beaucoup de jeux équestres de ce genre, qui exigent une assiette solide car ils se font souvent sans selle.

3-5. *Notes complémentaires*, p. 137.

10 Ἐπεὶ δὲ δεῖ ἐν παντοίοις τε χωρίοις τὸν ἵππον ἀνὰ κράτος ἐλαύνοντα ἔποχον εἶναι καὶ ἀπὸ τοῦ ἵππου τοῖς ὅπλοις καλῶς δύνασθαι χρῆσθαι, ὅπου μέν ἐστι χωρία ἐπιτήδεια καὶ θηρία, ἄμεμπτος ἡ ἐν θήραις μελέτη τῆς ἱππικῆς. Ὅπου δὲ ταῦτα μὴ ὑπάρχει, ἀγαθὴ ἄσκησις καὶ ἣν δύο ἱππότα συντιθεμένω ὁ μὲν φεύγῃ ἐπὶ τοῦ ἵππου παντοῖα χωρία καὶ τὸ δόρυ εἰς τοὔπισθεν μεταϐαλλόμενος ὑποχωρῇ, ὁ δὲ διώκῃ, ἐσφαιρωμένα τε ἔχων ἀκόντια καὶ δόρυ ὡσαύτως πεπραγματευμένον· καὶ ὅπου μὲν ἂν εἰς ἀκόντιον ἀφικνῆται, ἀκοντίζῃ τὸν φεύγοντα τοῖς σφαιρωτοῖς· ὅπου δ' ἂν εἰς δόρατος πληγήν, τῷ δόρατι παίῃ τὸν ἁλισκόμενον. 11 Ἀγαθὸν δὲ κἄν ποτε συμπέσωσιν, ἑλκύσαντα ἐφ' ἑαυτὸν τὸν πολέμιον ἐξαίφνης ἀπῶσαι· τοῦτο γὰρ καταϐλητικόν. Ὀρθῶς δὲ ἔχει καὶ τῷ ἑλκομένῳ ἐπελαύνειν τὸν ἵππον· τοῦτο γὰρ ποιῶν ὁ ἑλκόμενος καταϐάλοι ἂν μᾶλλον τὸν ἕλκοντα ἢ καταπέσοι.

12 Ἢν δέ ποτε καὶ στρατοπέδου ἀντικαθημένου ἀνθιππεύωσιν ἀλλήλοις καὶ διώκωσι μὲν μέχρι τῆς πολεμίας φάλαγγος τοὺς ἀντίους, φεύγωσι δὲ μέχρι τῆς φιλίας, ἀγαθὸν καὶ ἐνταῦθα ἐπίστασθαι ὅτι, ἕως μὲν ἂν παρὰ τοὺς φίλους τις ᾖ, καλὸν καὶ ἀσφαλὲς τὸ ἐν πρώτοις ἀναστρέψαντα ἀνὰ κράτος ἐπικεῖσθαι, ὅταν δ' ἐγγὺς τῶν ἐναντίων γίγνηται, ὑποχείριον τὸν ἵππον ἔχειν. Οὕτω γὰρ ἂν ὡς τὸ εἰκὸς μάλιστα δύναιτο βλάπτων τοὺς ἐναντίους μὴ βλάπτεσθαι ὑπ' αὐτῶν.

13 Ἀνθρώποις μὲν οὖν ἄνθρωπον ἔδοσαν οἱ θεοὶ λόγῳ διδάσκειν ἃ δεῖ ποιεῖν, ἵππον δὲ δῆλον ὅτι λόγῳ

**10** 1 ἵππον codd. : ἱππότην coni. Schenkl ἱππέα Hartman ‖ 5 ὑπάρχει B recc. plerique : ὑπάρχειν A ὑπάρχῃ cett. ‖ 6 συντιθεμένω codd. : σύνθεμένω coni. Dindorf ‖ φεύγῃ FDNR : φεύγει cett. ‖ 12 τῷ δόρατι om. B recc. ‖ **11** 2 ἑλκύσαντα FNR ἑλκύσαντες B recc. cett. ἐλαύσαντας A ‖ **12** 5 φίλους B : φιλίους A ‖ 6 ἀναστρέψαντα AB : ἐπι — recc.

cheval il est évident que l'on ne saurait rien enseigner par la parole; cependant, si, lorsqu'il s'est conduit comme on voulait, on le récompense et, lorsqu'il a désobéi, on le châtie, on a là le meilleur moyen de lui faire apprendre la soumission nécessaire. **14** Ce principe, qui tient en un mot, est inséparable de l'art équestre tout entier. Le cheval en effet prendra mieux le mors [1] si, chaque fois qu'il l'accepte, il lui vient quelque bon traitement; il sautera en largeur, en longueur, et se soumettra dans tous les autres exercices si, chaque fois qu'il a exécuté ce qu'on lui commande, il s'attend à quelque soulagement [2].

## IX

**1** Jusqu'ici l'exposé s'est fait dans l'idée d'indiquer les moyens d'éviter au mieux les tromperies dans l'achat d'un poulain ou d'un cheval, d'éviter au mieux de l'endommager au service, mais il s'agissait d'un cheval qui, s'il devait déployer les qualités nécessaires au cavalier en vue de la guerre, les posséderait au plus haut point.

C'est peut-être le moment d'écrire aussi, pour si le hasard vous donne un cheval plus nerveux [3] ou plus mou [4] qu'il ne convient, les moyens les plus corrects de tirer parti de l'un et de l'autre. **2** Donc, il faut d'abord savoir que la nervosité est au cheval exactement ce que la colère est à l'homme. De même qu'on n'irrite pas un homme si on ne lui cause, en parole ou en acte, rien de

1. Remarque déjà faite en 6, 11, mais rappelée à titre d'exemple pour justifier le principe de la récompense.

2. « Aussitôt la concession obtenue, caressez l'animal et laissez-le libre, sans rien lui demander pendant un instant. C'est là sa véritable récompense » (Fillis, p. 15). — Dans toute sa vie, Xén. n'a cessé de prôner, et d'appliquer, le principe de la récompense, pour les hommes, libres ou non, et pour les animaux; cf. 7, 19; 10, 12; 11, 5; 7; *Ec.* 4, 19; 13, 6; 14, 4-8; 21, 9; 11; *Cyrop.* 8, 2, 7-17.

3-4. *Notes complémentaires*, p. 137-138.

μὲν οὐδὲν ἂν διδάξαις· ἢν δὲ ὅταν μὲν ποιήσῃ ὡς ἂν βούλοιο, ἀντιχαρίσῃ τι αὐτῷ, ὅταν δὲ ἀπειθῇ, κολάζῃς, οὕτω μάλιστ' ἂν μάθοι τὸ δέον ὑπηρετεῖν. 14 Καὶ ἔστι μὲν τοῦτο, ἐν βραχεῖ εἰπεῖν, δι' ὅλης τῆς ἱππικῆς παρακολουθοῦν. Καὶ γὰρ χαλινὸν μᾶλλον ἂν λαμβάνοι, εἰ ὁπότε δέξαιτο ἀγαθόν τι αὐτῷ ἀποβαίνοι· καὶ διαπηδῴη δ' ἂν καὶ ἐξάλλοιτο καὶ τἆλλα πάντα ὑπηρετοίη ἄν, εἰ προσδοκῴη, ὁπότε τὰ σημαινόμενα πράξοι, ῥᾳστώνην τινά.

## IX

1 Καὶ τὰ μὲν δὴ εἰρημένα ταῦτ' ἐστὶν ὡς ἂν ἥκιστα μὲν ἐξαπατῷτο καὶ πῶλον καὶ ἵππον ὠνούμενος, ἥκιστα δ' ἂν διαφθείραι χρώμενος, μάλιστα δ' ἂν ἵππον εἰ ἀποδεικνύειν δέοι, ἔχοντα ὧν ἱππεὺς δεῖται εἰς πόλεμον.

Καιρὸς δ' ἴσως γράψαι καὶ εἴ ποτε συμβαίη θυμοειδεστέρῳ ἵππῳ τοῦ καιροῦ χρῆσθαι ἢ βλακωδεστέρῳ, ὡς ἂν ὀρθότατα ἑκατέρῳ χρῷτο. 2 Πρῶτον μὲν τοίνυν χρὴ τοῦτο γνῶναι ὅτι ἐστὶ θυμὸς ἵππῳ ὅπερ ὀργὴ ἀνθρώπῳ. Ὥσπερ οὖν ἄνθρωπον ἥκιστ' ἂν ὀργίζοι τις [ὁ] μήτε λέγων χαλεπὸν μηδὲν μήτε ποιῶν, οὕτω

**13** 3 ὡς codd. : ὅσ' coni. Schneider ‖ 4 βούλοιο A : βούλῃ FNR βούληται cett. ‖ ἀντιχαρίσῃ τι A recc. plerique : ἀντιχαρίσηται BMG ἀντιχαρίσῃ FD ‖ κολάζῃς FENR : κολάζοις cett. κολάσῃς coni. Bornemann ‖ 5 μάλιστ' ἂν A : μάλιστα B ‖ **14** 2 post ὅλης add. δὲ recc. ‖ 3 παρακολουθοῦν A : -θεῖ B ‖ 4 δέξαιτο A : δέξοιτο B ‖ ἀποβαίνοι A recc. aliquot : -βαίνῃ B recc. aliquot -βαίνει cett. ‖ 6 προσδοκῴη A : -κοίη B ‖ πράξοι A : πράξει B πράξειε coni. Zeune.

**1** 2 μὲν — ἥκιστα om. A ‖ ἵππον A recc. : ὄνον B ‖ 3 εἰ ἀποδεικνύειν δέοι B recc. plerique : εἰ ἀποδεικνύει δέοι A ἀποδεικνύοι εἰ δέοι Bornemann ‖ 6 ἵππῳ A recc. : ἵππου B ‖ καιροῦ B : -ρίου A ‖ **2** 1 μὲν om. recc. ‖ 2 ὅπερ B recc. plerique : ὥσπερ A ‖ 3 post οὖν add. καὶ A ‖ 4 post τις lac. susp. Courier ‖ ὁ del. Schneider ‖ χαλεπὸν om. A.

désagréable, de même on n'irrite pas du tout un cheval nerveux si on évite de l'agacer [1].

**3** Tout de suite, lors de la mise en selle, il faut prendre soin, au moment où l'on monte, de ne pas tant soit peu l'agacer; une fois à cheval, il faut le porter en avant à l'aide des indications les plus légères, après l'avoir fait rester calme plus longtemps qu'un cheval ordinaire. Ensuite, en partant des plus courtes foulées [2], on le poussera aux allures plus vives à leur tour, de telle manière qu'il s'aperçoive le moins possible qu'il passe à l'allure vive [3].

**4** Toute indication subite affole le cheval nerveux, comme font les spectacles, les sons, les impressions qui frappent l'homme subitement. Il faut savoir encore que, chez le cheval aussi, les vues subites engendrent l'affolement.

**5** Si l'on veut arrêter le cheval nerveux qui s'élance au galop allongé, il ne faut pas le tirer subitement mais le reprendre insensiblement du mors, en usant, pour le calmer, de douceur et non de force [4].

**6** Les longs temps de galop apaisent plus les chevaux que les changements de direction [5] répétés, comme les temps de galop calmes mais prolongés, loin d'exciter le cheval nerveux, le réduisent et l'apaisent. **7** Mais si l'on se figure qu'en allant vite et fort on va le calmer par la fatigue, on pense le contraire de la réalité. Car en pareil cas le cheval nerveux fait tous ses efforts pour prendre la main [6] et, sous l'emprise de la colère, comme un homme

1. Le cavalier peut l'agacer par la main, la jambe, la cravache; Xén. incrimine plus l'homme que l'animal.

2. Les manuscrits ont raison, contre la correction de Brodeau communément adoptée; la phrase de 11, 11 le montre. Les foulées sont courtes quand le cavalier ne rend pas la main et garde les rênes tendues.

3. Toutes ces remarques sont d'une parfaite justesse (à rapprocher de 3, 11; 7, 1-4; 8).

4. La force serait sans effet car le cheval est plus fort que l'homme si l'affolement le rend insensible au mors; cf. 6, 9 et la n. 4.

5-6. *Notes complémentaires*, p. 138.

καὶ ἵππον θυμοειδῆ ὁ μὴ ἀνιῶν ἥκιστ' ἂν ἐξοργίζοι.

3 Εὐθὺς μὲν οὖν χρὴ ἐν τῇ ἀναβάσει ἐπιμελεῖσθαι ὡς ἂν ἥκιστ' ἀναβαίνων λυποίη· ἐπειδὰν δὲ ἀναβῇ, ἠρεμήσαντα πλείω χρόνον ἢ τὸν ἐπιτυχόντα οὕτω προκινεῖν αὐτὸν ὡς πρᾳοτάτοις σημείοις. Ἔπειτα δ' ἐκ τοῦ βραχυτάτου ἀρχόμενον οὕτως αὖ εἰς τὸ θᾶττον προάγειν ὡς ἂν μάλιστα λανθάνοι αὑτὸν ὁ ἵππος εἰς τὸ ταχὺ ἀφικνούμενος.

4 Ὅτι δ' ἂν ἐξαίφνης σημήνῃ, θυμοειδῆ ἵππον ὥσπερ ἄνθρωπον ταράττει τὰ ἐξαπίναια καὶ ὁράματα καὶ ἀκούσματα καὶ παθήματα. Εἰδέναι δὲ χρὴ ὅτι καὶ ἐν ἵππῳ τὰ ἐξαπίναια τάραχον ἐξεργάζεται.

5 Ἢν δὲ καὶ εἰς τὸ θᾶττον ὁρμώμενον τοῦ καιροῦ ὑπολαμβάνειν βούλῃ τὸν θυμοειδῆ, οὐ δεῖ ἐξαπιναίως σπᾶν, ἀλλ' ἠρεμαίως προσάγεσθαι τῷ χαλινῷ, πραΰνοντα, οὐ βιαζόμενον, ἠρεμεῖν.

6 Καὶ αἵ τε μακραὶ ἐλάσεις μᾶλλον ἢ αἱ πυκναὶ ἀποστροφαὶ πραΰνουσι τοὺς ἵππους καὶ αἱ ἡσυχαῖαι μέν, πολὺν δὲ χρόνον, καθέψουσι καὶ πραΰνουσι καὶ οὐκ ἀνεγείρουσι τὸν θυμοειδῆ. 7 Εἰ δέ τις οἴεται, ἢν ταχὺ καὶ πολλὰ ἐλαύνηται, ἀπειπεῖν ποιήσας τὸν ἵππον πραϋνεῖν, τἀναντία γιγνώσκει τοῦ γιγνομένου. Ἐν γὰρ τοῖς τοιούτοις ὁ θυμοειδὴς καὶ ἄγειν βίᾳ μάλιστα ἐπιχειρεῖ καὶ σὺν τῇ ὀργῇ ὥσπερ ἄνθρωπος ὀργίλος

**2** 5 ἐξοργίζοι AB recc. plerique : ὀργίζοι aut ἐξοργίζοιτο cett. ‖ **3** 1 εὐθύς A : εὐθὺ B ‖ 2 ἂν om. A ‖ λυποίη Jacobs : λυποῖ AB recc. plerique ‖ ἐπειδὰν B : ἐπεὶ A ‖ 2-3 δὲ — ἐπιτυχόντα om. A ‖ 5 βραχυτάτου codd. : βραδυτάτου Brodaeus uide adn. ‖ 6 αὑτὸν recc. plerique : αὐτὸν AB ‖ **4** 3 δὲ B : om. A δὴ coni. Courier ‖ καὶ ἐν Tommasini : καὶ A ἐν B ‖ 4 ἐξεργάζεται B : ἐργάζεται A ‖ **5** 1 τοῦ καιροῦ Leunclavius : καὶ τοῦ ῥοῦ codd. ‖ 2 βούλῃ recc. aliquot : βούλει AB ‖ **6** 1 τε del. Dindorf ‖ 3 πολὺν δὲ χρόνον A : πολὺν χρόνον B πολυχρόνιοι δὲ coni. Madvig ‖ **7** 3 πραϋνεῖν Stephanus : πραΰνειν codd.

irascible, provoque souvent pour lui et le cavalier bon nombre d'accidents irréparables.

**8** Il faut empêcher un cheval nerveux de s'élancer aux allures les plus vives [1] et même s'abstenir totalement de le mettre côte à côte avec un autre cheval [2], car les chevaux qui ont le plus d'émulation ce sont à peu près les chevaux les plus nerveux.

**9** Les mors doux sont plus indiqués que les durs; mais si le cheval est bridé avec un mors dur, il faut, par une main légère, le rendre pareil à un mors doux [3]. Et il est bon de s'habituer à rester calme, en particulier sur un cheval nerveux, et à le toucher le moins possible à d'autres endroits que ceux où le contact procure la fermeté de l'assiette [4].

**10** Il faut savoir encore qu'il existe une leçon qui consiste à calmer le cheval par un sifflement [5], à le réveiller par un appel de langue [6]; si l'on commence par lui présenter la douceur à l'appel de langue et la sévérité au sifflement, le cheval apprendra à se réveiller par un sifflement, à se calmer par un appel de langue. **11** De même, au son du cri de guerre et de la trompette [7], il ne faut ni paraître soi-même troublé à son cheval ni non plus rien lui présenter de nature à le troubler; il faut au contraire, dans la mesure du possible, non seulement l'arrêter en pareil cas, mais, s'il y a moyen, lui présenter son repas du matin ou du soir. **12** Toutefois le meilleur conseil est de ne pas acquérir, en vue de la guerre, un cheval trop nerveux [8].

1. C'est-à-dire le galop allongé, le galop de charge ou le « fond de train ».

2. Deux chevaux « au botte à botte » s'excitent mutuellement et le plus nerveux peut aller jusqu'à s'emballer.

3. L'observation suppose, une fois de plus, une pratique très poussée du cheval. Le bon cavalier se reconnaît à la légèreté de la main.

4. C'est-à-dire les fesses, les cuisses, les genoux et les jambes. Xén. proscrit donc les coups de talon et *a fortiori* d'éperon.

5-8. *Notes complémentaires,* p. 138.

πολλάκις καὶ ἑαυτὸν καὶ τὸν ἀναβάτην πολλὰ ἀνήκεστα ἐποίησεν.

8 Ἐπιλαμβάνειν δὲ χρὴ ἵππον θυμοειδῆ καὶ τοῦ εἰς τὸ τάχιστον ὁρμᾶν, τοῦ δὲ δὴ παραβάλλειν ἵππῳ καὶ παντάπασιν ἀπέχεσθαι· σχεδὸν γὰρ οἱ θυμοειδέστατοι καὶ φιλονικότατοι τῶν ἵππων γίγνονται.

9 Καὶ χαλινοὶ δὲ οἱ λεῖοι ἐπιτηδειότεροι τῶν τραχέων· ἐὰν δὲ καὶ τραχὺς ἐμβληθῇ, τῇ χαλαρότητι λείῳ δεῖ αὐτὸν ἀφομοιοῦν. Ἀγαθὸν δὲ ἐθίζειν αὑτὸν καὶ τὸ ἠρεμεῖν, μάλιστα ἐπὶ θυμοειδοῦς ἵππου, καὶ τὸ ὡς ἥκιστα ἄλλῳ τινὶ ἅπτεσθαι ἢ οἷς τοῦ καθῆσθαι ἀσφαλῶς ἕνεκα ἁπτόμεθα.

10 Εἰδέναι δὲ χρὴ ὅτι δίδαγμά τί ἐστι καὶ τὸ ποππυσμῷ μὲν πραΰνεσθαι, κλωγμῷ δὲ ἐγείρεσθαι· καὶ εἴ τις ἐξ ἀρχῆς ἐπὶ μὲν κλωγμῷ τὰ πραέα, ἐπὶ δὲ ποππυσμῷ τὰ χαλεπὰ προσφέροι, μάθοι ἂν ὁ ἵππος ποππυσμῷ μὲν ἐγείρεσθαι, κλωγμῷ δὲ πραΰνεσθαι. 11 Οὕτως οὖν δεῖ καὶ παρὰ κραυγὴν καὶ παρὰ σάλπιγγα μήτ' αὑτὸν φαίνεσθαι τεθορυβημένον τῷ ἵππῳ μήτε μὴν ἐκείνῳ θορυβῶδες μηδὲν προσφέρειν, ἀλλ' εἰς τὸ δυνατὸν καὶ ἀναπαύειν ἐν τῷ τοιούτῳ καὶ ἄριστα καὶ δεῖπνα, εἰ ἐγχωροίη, προσφέρειν. 12 Κάλλιστον δὲ συμβούλευμα τὸ ἄγαν θυμοειδῆ ἵππον μὴ κτᾶσθαι εἰς πόλεμον.

**8** 1 τοῦ F : τοῦτο B recc. aliquot τοῦτον recc. ceteri τότε A τότε τοῦ coni. Pollack ‖ 2 τάχιστον A : τάχιστα B ‖ 4 φιλονικότατοι A : -νεικότατοι B ‖ **9** 2 λείῳ δεῖ Leunclavius : λειώδει AB recc. aliquot ‖ 3 αὑτὸν Dindorf : αὐτὸν codd. ‖ **10** 1 τί om. recc. ‖ τὸ ABD : τῷ cett. ‖ 2 et 3 κλωγμῷ Castalio e Polluce 1, 210 : κλωσμῷ codd. ‖ 4 προσφέροι B dett. plerique : προσφέρει A ‖ **11** 3 φαίνεσθαι AB recc. plerique : προσιέναι aut προσιέσθαι cett. φαίνεσθαι προσιέναι coni. Stephanus ‖ 6 ἐγχωροίη Leunclavius : ἐγχωροίην A συγχωροίη B ‖ **12** 3 πόλεμον AB : πολέμους recc.

Pour un cheval mou, il me semble suffisant d'écrire de faire tout le contraire de ce que nous conseillons pour l'emploi du cheval nerveux.

## X

1 Si l'on veut avoir un cheval bon pour la guerre qui soit plus magnifique et plus étincelant à monter, il faut s'abstenir de lui tirer sur la bouche avec le mors, de lui donner de l'éperon et de la cravache [1], pratiques par lesquelles on se figure souvent faire briller sa monture [2]; on obtient alors le résultat exactement opposé à celui que l'on cherche : 2 en leur tirant sur la bouche la main haute, on aveugle [3] les chevaux au lieu de les laisser voir devant eux; en les frappant de l'éperon ou de la cravache, on les effraye jusqu'à les affoler et les mettre en danger; c'est là le comportement des chevaux les plus rebelles au travail, et qui marchent dans la mauvaise voie au lieu de la bonne.

3 Mais si c'est avec une main légère [4] que l'on apprend au cheval à travailler, redresser l'encolure, fléchir la tête [5], on provoque chez lui des actions qu'il aime lui-même et qui lui font plaisir. 4 Et voici la preuve qu'il les aime : lorsqu'il veut se pavaner en liberté devant des chevaux, et principalement devant des juments, il redresse alors l'encolure et fléchit parfaitement la tête en prenant l'air fougueux, il élève les jambes avec souplesse et porte la queue en panache. 5 Si donc on le pousse à prendre les attitudes qu'en se pavanant il prend tout seul quand

1. Voir ci-dessus 8, 4. Le grec dit « fouetter », car Xén. n'emploie pas de mot particulier pour désigner la cravache; mais il ne peut s'agir du fouet pour un cavalier monté.

2. Xén. veut donc enseigner les rudiments de haute-école au cheval d'armes. Il songe aux défilés du temps de paix, qui de surcroît servent la cité en faisant de la propagande pour la cavalerie et en préparant les cavaliers pour le temps de guerre.

3. Le cheval, en se défendant contre la main, peut relever la tête jusqu'à l'horizontale.

4-5. *Notes complémentaires*, p. 138-139.

Βλακί γε μὴν ἵππῳ ἀρκεῖν μοι δοκεῖ γράψαι πάντα τἀναντία ποιεῖν ὅσα τῷ θυμοειδεῖ χρῆσθαι συμβουλεύομεν.

## X

1 Ἢν δέ τίς ποτε βουληθῇ χρῆσθαι τῷ χρησίμῳ εἰς
πόλεμον ἵππῳ μεγαλοπρεπεστέρῳ τε καὶ περιβλεπτο-
τέρῳ ἱππάζεσθαι, τοῦ μὲν ἕλκειν τε τὸ στόμα τῷ χαλινῷ
καὶ μυωπίζειν τε καὶ μαστιγοῦν τὸν ἵππον, ἃ οἱ πολλοὶ
ποιοῦντες λαμπρύνειν οἴονται, ἀπέχεσθαι δεῖ· πάντα
γὰρ τἀναντία οὗτοί γε ποιοῦσιν ὧν βούλονται· 2
τά τε γὰρ στόματα ἕλκοντες ἄνω ἀντὶ τοῦ προορᾶν
ἐκτυφλοῦσι τοὺς ἵππους, καὶ μυωπίζοντες καὶ παίοντες
ἐκπλήττουσιν, ὡς τεταράχθαι καὶ κινδυνεύειν· ταῦτα
δ' ἐστὶν ἵππων ἔργα τῶν μάλιστα ἀχθομένων ἱππασίᾳ
καὶ αἰσχρὰ καὶ οὐ καλὰ ποιούντων.
3 Ἐὰν δέ τις διδάξῃ τὸν ἵππον ἐν χαλαρῷ μὲν τῷ
χαλινῷ ἱππεύειν, ἄνω δὲ τὸν αὐχένα διαίρειν, ἀπὸ δὲ
τῆς κεφαλῆς κυρτοῦσθαι, οὕτως ἂν ἀπεργάζοιτο ποιεῖν
τὸν ἵππον οἷοισπερ καὶ αὐτὸς ἥδεταί τε καὶ ἀγάλλεται.
4 Τεκμήριον δὲ ὅτι τούτοις ἥδεται· ὅταν γὰρ αὐτὸς
σχηματοποιεῖσθαι θέλῃ παρ' ἵππους, μάλιστα δὲ ὅταν
παρὰ θηλείας, τότε αἴρει τε τὸν αὐχένα ἄνω καὶ κυρτοῖ
μάλιστα τὴν κεφαλὴν γοργούμενος, καὶ τὰ μὲν σκέλη
ὑγρὰ μετεωρίζει, τὴν δὲ οὐρὰν ἄνω ἀνατείνει. 5
Ὅταν οὖν τις αὐτὸν εἰς ταῦτα προάγῃ ἅπερ αὐτὸς

**1** 1 χρῆσθαι τῷ codd. : del. Courier ‖ 2 post ἵππῳ add. ὡς A ‖ **2** 1 στόματα Leunclavius : σχήματα codd. ‖ προορᾶν codd. : προορμᾶν coni. Cobet ‖ post προορᾶν add. ἐᾶν Pollack ‖ 2 ἐκτυφλοῦσι codd. : τυφλοῦσι coni. Widdra ‖ 3 ὡς AB : ὥστε recc. ‖ κινδυνεύειν codd. : δινεύειν prop. Marchant coll. 3, 11 ‖ **3** 3 οὕτως recc. : οὗτος AB ‖ **4** 1 αὐτὸς A : αὖθις B ‖ 2 σχηματοποιεῖσθαι om. A ‖ 3 ἄνω AB : ἀνωτάτω recc.

il se surpasse pour faire le beau, on lui donne du plaisir à travailler, on le rend magnifique, fougueux, étincelant. Dès lors, les moyens d'obtenir, selon nous, ces résultats [1], nous allons ici tâcher de les exposer.

**6** D'abord, il faut posséder au moins deux mors : l'un doit être doux, avec les rondelles de bonne taille [2], l'autre avoir les rondelles pesantes et écrasées, les hérissons aigus pour que, quand il le reçoit [3], rebuté par sa dureté, il le lâche et que, quand on met le mors doux à sa place, la douceur de celui-ci lui cause une sensation de plaisir et qu'il fasse avec le doux ce qu'on lui a enseigné sous l'action du dur.

**7** Mais si d'autre part, insensible à cette douceur, il s'appuie souvent sur le mors doux, nous lui mettons les rondelles grandes [4] afin que, contraint par elles d'ouvrir la bouche, il lâche l'embouchure. Il est possible de fabriquer aussi toute une gamme de mors durs ainsi qu'en resserrant les parties qui le tendent [5].

**8** Mais quel que soit le nombre des mors, tous doivent être flexibles [6]; car où que le cheval saisisse un mors rigide, il le tient tout entier contre les dents [7] — de même une brochette, d'où qu'on la saisisse, on la soulève tout entière —. **9** L'autre mors agit comme une chaîne : seule, la partie qu'on en tient demeure non fléchie, et le reste pend. En outre, comme il cherche toujours à saisir ce qui lui fuit dans la bouche, il lâche l'embouchure des dents ; c'est pour obtenir ce résultat que les anneaux [8] centraux

1. Xén. aborde ainsi, d'une manière vivante, l'examen d'un problème essentiel, celui du mors; voir l'appendice.

2. Les rondelles ont une taille suffisante pour reposer non pas uniquement sur les barres mais au moins partiellement sur la langue du cheval; ainsi sont soulagées les barres (et le mors, dont les hérissons sont arrondis, est alors doux).

3. On peut comprendre aussi « quand il le prend », c'est-à-dire quand il cherche à le saisir ou à s'appuyer sur lui. Mais la conséquence est la même : le cheval ouvre la bouche, fléchit l'encolure, cède à la main, où vient se résumer toute la force du cheval mis.

4-8. *Notes complémentaires*, p. 139.

σχηματοποιεῖται, ὅταν μάλιστα καλλωπίζηται, οὕτως ἡδόμενόν τε τῇ ἱππασίᾳ καὶ μεγαλοπρεπῆ καὶ γοργὸν καὶ περίβλεπτον ἀποφαίνει τὸν ἵππον. Ὡς οὖν ἡγούμεθα ταῦτ' ἂν ἀπεργασθῆναι, νῦν αὖ πειρασόμεθα διηγεῖσθαι.

6 Πρῶτον μὲν τοίνυν χρὴ οὐ μεῖον δυοῖν χαλινοῖν κεκτῆσθαι. Τούτων δὲ ἔστω ὁ μὲν λεῖος, τοὺς τροχοὺς εὐμεγέθεις ἔχων, ὁ δὲ ἕτερος τοὺς μὲν τροχοὺς καὶ βαρεῖς καὶ ταπεινούς, τοὺς δ' ἐχίνους ὀξεῖς, ἵνα ὁπόταν μὲν τοῦτον λάβῃ, ἀσχάλλων τῇ τραχύτητι διὰ τοῦτο ἀφίῃ, ὅταν δὲ τὸν λεῖον μεταλάβῃ, τῇ μὲν λειότητι αὐτοῦ ἡσθῇ, ἃ δ' ἂν ὑπὸ τοῦ τραχέος παιδευθῇ, ταῦτα δὲ καὶ ἐν τῷ λείῳ ποιῇ.

7 Ἣν δ' αὖ καταφρονήσας τῆς λειότητος θαμινὰ ἀπερείδηται ἐν αὐτῷ, τούτου ἕνεκα τοὺς τροχοὺς μεγάλους τῷ λείῳ προστίθεμεν, ἵνα χάσκειν ἀναγκαζόμενος ὑπ' αὐτῶν ἀφίῃ τὸ στόμιον. Οἷόν τε δὲ καὶ τὸν τραχὺν παντοδαπὸν ποιεῖν καὶ κατειλοῦντα τὰ κατατείναντα.

8 Ὁπόσοι δ' ἂν ὦσι χαλινοί, πάντες ὑγροὶ ἔστωσαν. Τὸν μὲν γὰρ σκληρόν, ὅπῃ ἂν ὁ ἵππος λάβῃ, ὅλον ἔχει πρὸς ταῖς γνάθοις — ὥσπερ καὶ ὀβελίσκον, ὁπόθεν ἄν τις λάβῃ ὅλον αἴρει —. 9 Ὁ δὲ ἕτερος ὥσπερ ἡ ἅλυσις ποιεῖ· ὃ γὰρ ἂν ἔχῃ τις αὐτοῦ, τοῦτο μόνον ἄκαμπτον μένει, τὸ δὲ ἄλλο ἀπήρτηται. Τὸ δὲ φεῦγον ἐν τῷ στόματι ἀεὶ θηρεύων ἀφίησιν ἀπὸ τῶν γνάθων τὸ στόμιον· τούτου ἕνεκα καὶ οἱ κατὰ μέσον ἐκ τῶν ἀξόνων

**5** 2 μάλιστα om. A ‖ 4 οὖν om. A ‖ **6** 4 δ' ἐχίνους B coll. Polluce 1, 207 : δ' ἐχίνους A δ' ἐχιτίνους aut δὲ χιτίνους recc. ‖ 7 ἃ δ' ἂν A : τὰ δὲ B ‖ ταῦτα A recc. : ταῦτα B ‖ 8 δὲ om. recc. ‖ ποιῇ A : ποιεῖν D ποίει B cett. ‖ **7** 1 θαμινὰ D : θαμεινὰ B recc. cett. θαμμεινὰ A ‖ 5 παντοδαπὸν ποιεῖν codd. : κατακηροῦν coni. Widdra coll. Polluce 1, 208 ‖ κατειλοῦντα τὰ ego uide adn. : κατειλοῦντα recc. κατειλοῦν τα AB κατειλεῖν τὰ coni. Widdra καταλειοῦντα Sauppe ‖ ante κατατείνοντα add. καὶ recc. ‖ **8** 1 Ὁπόσοι codd. : ὁποῖοι coni. Weiske ‖ **9** 1 ἡ codd. : εἰ coni. Courier.

des canons y sont suspendus, aussi, de manière qu'en les poursuivant de la langue et des dents il ne cherche pas à saisir le mors entre les mâchoires.

**10** Si l'on ignore ce qu'est la flexibilité et la rigidité du mors, nous l'écrirons également : il y a flexibilité lorsque les canons [1] ont des brisures [2] larges et lisses au point de plier aisément; et si toutes les pièces ajustées autour des canons sont à large bouche et non serrées, elles sont plus flexibles. **11** Lorsque le mors a peu de jeu dans l'ouverture et la fermeture de chacune de ses pièces, nous avons la rigidité. Mais, quelle que soit la nature du mors, il faut toujours s'en servir de la même manière, indiquée ci-après, si du moins l'on veut rendre le cheval tel qu'il a été dit [3].

**12** Il faut éviter toute tension des rênes, trop sévère au point de lui faire battre à la main [4], ou trop douce au point d'être imperceptible; mais lorsque, sur une tension des rênes, il se place [5], il faut aussitôt lui rendre la main. Pour le reste il faut, comme nous ne cessons de le dire, récompenser le cheval chaque fois qu'il s'est bien soumis.

**13** Lorsque l'on constate que le cheval aime la position du placer et la légèreté du contact [6], alors il ne faut lui faire sentir aucune sévérité, comme si on allait le forcer à travailler, mais le flatter comme si l'on voulait cesser le travail; c'est ainsi qu'il est tout à fait en confiance pour passer aux allures rapides [7].

**14** Voici la preuve que le cheval aime à galoper bon train : aucun cheval échappé ne marche au pas, mais il galope; il aime instinctivement cette allure [8], à condition qu'on ne l'ait pas forcé à galoper immodérément; car rien de ce qui passe la mesure n'augmente jamais l'agrément pour le cheval non plus que pour l'homme.

1. Les « canons » sont les deux moitiés de l'embouchure, destinés à venir au contact des barres (voir fig. 3).

2. Les « brisures » sont les deux anneaux, solidaires des deux canons, grâce auxquels les canons s'articulent l'un dans l'autre. Si elles jouent aisément entre elles le mors est flexible, et inversement. C'est sur elles que sont fixés les anneaux en chaîne dont il est question ci-dessus, p. 67, n. 8.

3-8. *Notes complémentaires*, p. 140.

δακτύλιοι κρεμάννυνται, ὅπως τούτους διώκων τῇ τε γλώττῃ καὶ τοῖς ὀδοῦσιν ἀμελῇ τοῦ ἀναλαμβάνειν πρὸς τὰς γνάθους τὸν χαλινόν.

10 Εἰ δέ τις ἀγνοεῖ, τί τὸ ὑγρὸν τοῦ χαλινοῦ καὶ τί τὸ σκληρόν, γράψομεν καὶ τοῦτο· ὑγρὸν μὲν γάρ ἐστιν ὅταν οἱ ἄξονες εὐρείας καὶ λείας ἔχωσι τὰς συμβολάς, ὥστε ῥᾳδίως κάμπτεσθαι, καὶ πάντα δὲ ὁπόσα περιτίθεται περὶ τοὺς ἄξονας ἢν εὐρύστομα ᾖ καὶ μὴ σύμπυκνα, ὑγρότερά ἐστιν. 11 Ἢν δὲ χαλεπῶς ἕκαστα τοῦ χαλινοῦ διατρέχῃ καὶ συνθέῃ, τοῦτ' ἔστι τὸ σκληρὸν εἶναι. Ὁποῖος δ' ἄν τις ᾖ, τούτῳ τάδε γε πάντα ταὐτὰ ποιητέον, ἤνπερ γε βούληται ἀποδείξασθαι τὸν ἵππον οἷονπερ εἴρηται.

12 Ἀνακρουστέον μὲν τὸ στόμα τοῦ ἵππου οὔτε ἄγαν χαλεπῶς ὥστε ἐκνεύειν, οὔτε ἄγαν ἡσύχως ὡς μὴ αἰσθάνεσθαι· ἐπειδὰν δὲ ἀνακρουόμενος αἴρῃ τὸν αὐχένα, δοτέον εὐθὺς τὸν χαλινόν. Καὶ τἆλλα δὲ δεῖ, ὥσπερ οὐ παυόμεθα λέγοντες, ἐν ᾧ ἂν καλῶς ὑπηρετῇ, χαρίζεσθαι τῷ ἵππῳ.

13 Καὶ ὅταν δ' αἴσθηται ἡδόμενον τὸν ἵππον τῇ τε ὑψηλαυχενίᾳ καὶ τῇ χαλαρότητι, ἐν τούτῳ οὐδὲν δεῖ χαλεπὸν προσφέρειν ὡς πονεῖν ἀναγκάσοντα, ἀλλὰ θωπεύειν ὡς παύσασθαι βουλόμενον· οὕτω γὰρ μάλιστα θαρρῶν πρόεισιν εἰς τὴν ταχεῖαν ἱππασίαν.

14 Ὡς δὲ καὶ τῷ ταχὺ θεῖν ἵππος ἥδεται τεκμήριον· ἐκφυγὼν γὰρ οὐδεὶς βάδην πορεύεται, ἀλλὰ θεῖ· τούτῳ γὰρ πέφυκεν ἥδεσθαι, ἢν μή τις πλείω τοῦ καιροῦ θεῖν ἀναγκάζῃ· ὑπερβάλλον δὲ τὸν καιρὸν οὐδὲν τῶν πάντων ἥδιον οὔτε ἵππῳ οὔτε ἀνθρώπῳ.

**10** 4 ὥστε A : ὥσπερ B ‖ **11** 2 συνθέῃ Weiske : συνθῇ codd. ‖ τὸ om. B recc. ‖ 4 ταὐτὰ Weiske : ταῦτα B om. A ‖ **13** 2 ὑψηλαυχενίᾳ codd. : ὑψαυχενίᾳ Dindorf coll. Polluce 2, 135 ‖ 4 παύσασθαι B : ἱππάσασθαι A ‖ **14** 2 τούτῳ B : τοῦτο A ‖ 4 οὐδὲν τῶν A : οὐδὲ τὸ B ‖ 5 ἥδιον AB recc. plerique : ἡδὺ L.

**15** Quand il est parvenu à l'équitation de haute-école [1], c'est, évidemment, que nous l'avons accoutumé, dans le premier temps du dressage [2], à partir au galop après une volte [3]. Si, une fois qu'il sait le faire, on le retient avec la main en même temps [4] qu'on lui commande de partir avec l'une quelconque des aides, alors, pressé d'un côté par le mors et de l'autre par le commandement de partir, il s'excite [5]; il jette le poitrail en avant [6] et, dans sa colère, élève en l'air les membres, mais sans souplesse, car lorsqu'ils sont agacés les chevaux n'ont pas trop les membres souples. **16** Mais si, une fois mis dans cet état de surexcitation, on lui rend la main [7], alors, sous l'effet du plaisir qu'il doit à l'impression de délivrance causée par le relâchement de la bride, prenant l'attitude de haute-école [8], il se porte en avant, les membres souples, d'un air superbe, image exacte du cheval qui fait le beau devant des juments. **17** En face d'un tel cheval, les gens en extase lui donnent les épithètes [9] de racé, plein d'allant, vrai coursier, nerveux, impétueux, à la fois agréable et terrible à regarder.

Telles sont nos notes, destinées, jusqu'ici, à quiconque désire de tels compliments.

## XI

**1** Si c'est un cheval de parade [10] que l'on veut avoir, un animal qui s'enlève et qui brille, on n'obtient jamais de telles attitudes de n'importe quel cheval; il faut qu'il possède un caractère généreux aussi bien qu'un corps vigoureux.

1. La traduction littérale est « faire du travail à cheval avec l'allure fière ». Xén. n'a pas de mot pour dire la « haute-école », mais c'est bien d'elle qu'il s'agit.

2. Xén. distingue donc un premier temps, qui a pour but d'obtenir le passage calme aux allures vives, la position du « ramener » (ci-dessus § 3), le départ au galop après une volte, et un second, qui a pour but d'obtenir, toujours avec une main légère, quelques airs de haute-école comme le « piaffer » ou la « courbette ».

3-10. *Notes complémentaires*, p. 140-141.

15 Ὅταν γε μὴν εἰς τὸ ἱππάζεσθαι μετὰ τοῦ κυδροῦ ἀφιγμένος ᾖ, εἰθισμένος μὲν δήπου ἡμῖν ἦν ἐν τῇ πρώτῃ ἱππασίᾳ ἐκ τῶν στροφῶν εἰς τὸ θᾶττον ὁρμᾶσθαι. Ἢν δέ τις τοῦτο μὲν μεμαθηκότος αὐτοῦ ἅμα ἀντιλαμβάνηταί τε τῷ χαλινῷ καὶ σημήνῃ τῶν ὁρμητηρίων τι, οὕτως ὑπὸ μὲν τοῦ χαλινοῦ πιεσθείς, ὑπὸ δὲ τοῦ ὁρμᾶν σημανθῆναι, ἐγείρεται καὶ προβάλλεται μὲν τὰ στέρνα, αἴρει δὲ ἄνω τὰ σκέλη ὀργιζόμενος, οὐ μέντοι ὑγρά γε· οὐ γὰρ μᾶλλον, ὅταν λυπῶνται, ὑγροῖς τοῖς σκέλεσιν ἵπποι χρῶνται. 16 Ἢν δέ τις οὕτως ἀνεζωπυρημένῳ αὐτῷ δῷ τὸν χαλινόν, ἐνταῦθ' ὑφ' ἡδονῆς τῷ διὰ τὴν χαλαρότητα τοῦ στομίου λελύσθαι νομίζειν, κυδρῷ μὲν τῷ σχήματι, ὑγροῖν δὲ τοῖν σκελοῖν γαυριώμενος φέρεται, παντάπασιν ἐκμιμούμενος τὸν πρὸς ἵππους καλλωπισμόν. 17 Καὶ οἱ θεώμενοι τὸν ἵππον τοιοῦτον ἀποκαλοῦσιν ἐλευθέριόν τε καὶ ἐθελουργὸν καὶ ἱππαστὴν καὶ θυμοειδῆ καὶ σοβαρὸν καὶ ἅμα ἡδύν τε καὶ γοργὸν ἰδεῖν.

Καὶ ταῦτα μὲν δή, ἤν τούτων τις ἐπιθυμήσῃ, μέχρι τούτων ἡμῖν γεγράφθω.

## XI

1 Ἢν δέ τις ἄρα βουληθῇ καὶ πομπικῷ καὶ μετεώρῳ καὶ λαμπρῷ ἵππῳ χρήσασθαι, οὐ μάλα μὲν τὰ τοιαῦτα ἐκ παντὸς ἵππου γίγνεται, ἀλλὰ δεῖ ὑπάρξαι αὐτῷ καὶ τὴν ψυχὴν μεγαλόφρονα καὶ τὸ σῶμα εὔρωστον.

**15** 2 μὲν om. recc. plerique ‖ 4 μὲν om. N del. Dindorf ‖ 5 οὕτως A : τούτω B ‖ 6 πιεσθείς A : πεισθείς B ‖ 7 ἐγείρεται codd. : ἐγερθεὶς Weiske ante ἐγείρεται lac. susp. Widdra uide adn. ‖ 8 ἄνω AB : ἀνωτέρω recc. ‖ 9 ὑγροῖς Brodaeus : ὑγρῶς codd. ‖ **17** 3 ante γοργὸν add. ἅμα B recc.

**1** 4 εὔρωστον om. A.

2 Notez que l'opinion selon laquelle le cheval doté de membres souples est aussi en mesure de faire un enlevé du corps [1] est loin d'être exacte; c'est plutôt le cheval doté d'un rein souple, court et puissant [2] — et nous ne parlons pas du rein du côté de la queue, mais du rein situé entre les côtes et les hanches, à la hauteur du ventre [3] — c'est ce cheval qui pourra engager le plus loin les postérieurs [4] au-delà des antérieurs.

3 Si donc, au moment où le cheval s'engage, on tend les rênes, il fléchit aux jarrets [5] les postérieurs et enlève l'avant-main au point de montrer aux gens d'en face le ventre et le sexe. Quand il fait cela, il faut lui rendre la main [6], afin qu'il semble aux spectateurs prendre volontairement les plus belles attitudes possibles pour un cheval. 4 Il en est qui donnent le même enseignement, mais les uns en frappant de la cravache sous les jarrets, les autres en prescrivant à un aide de courir à côté et de donner des coups de badine sous les cuisses [7].

5 Mais nous estimons, nous, que la meilleure des leçons c'est, comme nous le disons toujours, si l'obtention d'un soulagement de la part du cavalier, lorsque le cheval s'est plié à sa volonté, vient après dans tous les cas. 6 Car ce que le cheval accomplit par la contrainte n'est, comme le dit Simon, ni su ni beau; c'est exactement comme si l'on contraignait un danseur par la cravache ou l'aiguillon; homme ou cheval, sous un pareil traitement, auraient bien plus une attitude disgracieuse que des gestes élégants. Au contraire, il faut qu'au commandement [8] il prouve qu'il possède les allures les plus belles et les plus brillantes. 7

1. Du corps, et aussi de l'avant-main.

2. Xén. revient ici sur une remarque déjà faite, 1, 12; il la considère donc, avec raison, comme importante. Le rein est, en quelque sorte, la clef de voûte nécessaire aux mouvements de haute-école; cf. Pollux 1, 211.

3. Voir 1, 12. On a déjà rencontré des périphrases de ce genre (1, 4; 7; 14). Xén. tient à se faire comprendre, quitte à employer des termes impropres; et il ne semble pas disposer d'un mot spécial pour désigner la croupe, qu'il appelle τὰ ἰσχία (1, 13).

4-8. *Notes complémentaires*, p. 141.

2 Οὐ μέντοι ὅ γε οἴονταί τινες, τὸν τὰ σκέλη ὑγρὰ ἔχοντα καὶ τὸ σῶμα αἴρειν δυνήσεσθαι, οὕτως ἔχει· ἀλλὰ μᾶλλον ὃς ἂν τὴν ὀσφῦν ὑγράν τε καὶ βραχεῖαν καὶ ἰσχυρὰν ἔχῃ (καὶ οὐ τὴν κατ' οὐρὰν λέγομεν, ἀλλ' ᾗ πέφυκε μεταξὺ τῶν πλευρῶν καὶ τῶν ἰσχίων κατὰ τὸν κενεῶνα), οὗτος δυνήσεται πόρρω ὑποτιθέναι τὰ ὀπίσθια σκέλη ὑπὲρ τὰ ἐμπρόσθια.

3 Ἢν οὖν τις ὑποτιθέντος αὐτοῦ ἀνακρούῃ τῷ χαλινῷ, ὀκλάζει μὲν τὰ ὀπίσθια ἐν τοῖς ἀστραγάλοις, αἴρει δὲ τὸ πρόσθεν σῶμα, ὥστε τοῖς ἐξ ἐναντίας φαίνεσθαι τὴν γαστέρα καὶ τὰ αἰδοῖα. Δεῖ δὲ καί, ὅταν ταῦτα ποιῇ, διδόναι αὐτῷ τὸν χαλινόν, ὅπως τὰ κάλλιστα ἵππου ἑκόντα ποιῆσαι δοκῇ τοῖς ὁρῶσιν. 4 Εἰσὶ μέντοι οἳ καὶ ταῦτα διδάσκουσιν, οἱ μὲν ῥάβδῳ ὑπὸ τοὺς ἀστραγάλους κρούοντες, οἱ δὲ καὶ βακτηρίᾳ παρατρέχοντά τινα κελεύοντες ὑπὸ τὰς μηριαίας παίειν.

5 Ἡμεῖς γε μέντοι τὸ κράτιστον τῶν διδασκαλιῶν νομίζομεν, ὥσπερ ἀεὶ λέγομεν, ἢν ἐν παντὶ παρέπηται τὸ ἐν ᾧ ἂν ποιήσῃ τῷ ἀναβάτῃ κατὰ γνώμην τυγχάνειν ῥᾳστώνης παρ' αὐτοῦ. 6 Ἃ μὲν γὰρ ὁ ἵππος ἀναγκαζόμενος ποιεῖ, ὥσπερ καὶ Σίμων λέγει, οὔτ' ἐπίσταται οὔτε καλά ἐστιν, οὐδὲν μᾶλλον ἢ εἴ τις ὀρχηστὴν μαστιγῶν καὶ κεντρίζων· πολὺ γὰρ ἂν πλείω ἀσχημονοίη ἢ καλὰ ποιοίη ὁ τοιαῦτα πάσχων καὶ ἵππος καὶ ἄνθρωπος. Ἀλλὰ δεῖ ἀπὸ σημείων ἔχοντα πάντα τὰ κάλλιστα καὶ λαμπρότατα ἐπιδείκνυσθαι. 7 Ἢν δὲ

**2** 2 ante οὕτως add. οὐχ B recc. ‖ 3 καὶ om. A ‖ 7 ὑπὲρ A : ὑπὸ B ‖ **3** 1 αὐτοῦ Brodaeus : αὐτῷ codd. fort. recte ‖ 3 σῶμα om. A ‖ 6 ἑκόντα ποιῆσαι Courier : ἑκών τε ποιῇ καὶ codd. ‖ **5** 1 διδασκαλιῶν codd. : -καλίων coni. Stephanus ‖ 3 γνώμην AB recc. plerique : γνώμης cett. ‖ **6** 3 post εἰ fort. addendum εἴη ‖ 4 μαστιγῶν καὶ κεντρίζων codd. : μαστιγῴη καὶ κεντρίζοι coni. Stephanus post κεντρίζων lacunam susp. Dindorf ῥυθμίζοι Marchant ἀναγκάζοι Pollack ‖ 6 ἔχοντα codd. cf. 9, 1 : ἑκόντα coni. Gesner ‖ τὰ om. AB.

Si, d'autre part, quand il travaille jusqu'à s'avancer couvert de suée blanche et qu'il s'est enlevé avec beauté, on se hâte de mettre pied à terre et de le débrider, il faut bien savoir qu'il se mettra spontanément à l'enlevé.

**8** C'est déjà montés sur de tels chevaux que les dieux et les héros sont représentés dans les peintures, et les hommes qui les manient avec beauté [1] ont grand air. **9** Et le cheval qui s'enlève est si parfaitement beau, ou terrible, ou admirable, ou merveilleux, qu'il retient les regards de tous les spectateurs, jeunes ou vieux. Il n'est personne en tous cas qui le quitte des yeux ou se lasse de le contempler, aussi longtemps qu'il fait parade de cette brillante attitude.

**10** Et s'il arrive à un quelconque possesseur d'un tel cheval de devenir chef d'escadron ou commandant de la cavalerie [2], il doit non pas veiller aux moyens d'être lui seul brillant, mais, bien plutôt, de faire de tous ceux qui marchent derrière lui un spectacle magnifique. **11** Si le cheval qui marche en tête — car ce sont de tels chevaux surtout que l'on exalte — est celui qui avance à plus courtes foulées parce qu'il enlève le corps plus haut et plus souvent que les autres, il est évident que ceux-ci ne peuvent le suivre qu'au pas [3]. Mais qu'est-ce qu'un pareil spectacle pourrait bien avoir de brillant?

**12** Mais si, réveillant son cheval, on emmène à une cadence ni trop vive ni trop lente, comme les chevaux les plus ardents sont aussi ceux qui ont le plus de fougue et qui semblent, par leur allure, les plus aptes au travail,

1. Seul un cavalier consommé peut arriver par le dressage à un pareil résultat, ou monter convenablement un cheval ainsi dressé.

2. On sait que Xén. est l'auteur du *Commandant de la cavalerie*, sans doute à peu près contemporain du dernier chapitre de l'*Art équestre*. La cavalerie athénienne a un effectif théorique de mille cavaliers, sous les ordres de deux hipparques, commandant chacun un groupe d'escadrons et dix phylarques, à la tête chacun de cent cavaliers.

3. *Notes complémentaires*, p. 141-142.

καὶ ὅταν μὲν ἱππάζηται μέχρι πολλοῦ ἱδρῶτος ἐλαύνηται, ὅταν δὲ καλῶς μετεωρίζῃ ἑαυτόν, ταχύ τε καταβαίνηται καὶ ἀποχαλινῶται, εὖ χρὴ εἰδέναι ὅτι ἑκὼν εἶσιν εἰς τὸ μετεωρίζειν ἑαυτόν.

8 Ἐπὶ τῶν τοιούτων δὲ ἤδη ἱππαζόμενοι ἵππων καὶ θεοὶ καὶ ἥρωες γράφονται, καὶ ἄνδρες οἱ καλῶς χρώμενοι αὐτοῖς μεγαλοπρεπεῖς φαίνονται. 9 Οὕτω δὲ καὶ ἔστιν ὁ μετεωρίζων ἑαυτὸν ἵππος σφόδρα ἢ καλὸν ἢ δεινὸν ἢ ἀγαστὸν ἢ θαυμαστόν, ὡς πάντων τῶν ὁρώντων καὶ νέων καὶ γεραιτέρων τὰ ὄμματα κατέχει. Οὐδεὶς γοῦν οὔτε ἀπολείπει αὐτὸν οὔτε ἀπαγορεύει θεώμενος, ἔστ' ἄν περ ἐπιδεικνύηται τὴν λαμπρότητα.

10 Ἢν γε μήν ποτε συμβῇ τινι τῶν τοιοῦτον ἵππον κεκτημένων ἢ φυλαρχῆσαι ἢ ἱππαρχῆσαι, οὐ δεῖ αὐτὸν τοῦτο σπουδάζειν, ὅπως αὐτὸς μόνος λαμπρὸς ἔσται, ἀλλὰ πολὺ μᾶλλον, ὅπως ὅλον τὸ ἑπόμενον ἀξιοθέατον φανεῖται. 11 Ἢν μὲν οὖν ἡγῆται — ὡς μάλιστα ἐπαινοῦσι τοὺς τοιούτους ἵππους — ὃς ἂν ἀνωτάτω αἰρόμενος καὶ πυκνότατα τὸ σῶμα βραχύτατον προβαίνῃ, δῆλον ὅτι καὶ βάδην ἕποιντ' ἂν οἱ ἄλλοι ἵπποι αὐτῷ. Ἐκ δὲ ταύτης τῆς ὄψεως τί ἂν καὶ λαμπρὸν γένοιτ' ἄν;

12 Ἢν δὲ ἐξεγείρας τὸν ἵππον ἡγῇ μήτε τῷ ἄγαν τάχει μήτε τῷ ἄγαν βράδει, ὡς δ' εὐθυμότατοι ἵπποι καὶ γοργότατοι καὶ πονεῖν εὐσχημονέστατοι γίγνονται,

7 3 μετεωρίζῃ recc. plerique : -ρίζει AB ‖ 8 1 τῶν τοιούτων δὲ ἤδη Leunclavius : τῶν τοιούτων ἤδη δὲ B τῷ τοιούτῳ εἴδει A ‖ ἱππαζόμενοι Leunclavius : -μένων codd. ‖ ἵππων B : ἵππω A ‖ 9 3 δεινὸν AB : θαυμαστὸν recc. ‖ ἀγαστὸν Stephanus : ἀγαθὸν codd. fort. recte ‖ ἢ θαυμαστόν om. recc. ‖ 4 κατέχει B recc. plerique : κατέχειν A ‖ 10 2 αὐτὸν om. A ‖ 11 1 ἢν B : ἢ A ‖ 1-2 ὡς — ἵππους del. Schneider ‖ 4 καὶ om. A ‖ 5 pr. ἂν om. A ‖ 12 1 ἢν om. A ‖ ἡγῇ Weiske : ἡγῆται codd. ‖ 2 τάχει codd. : ταχεῖ Marchant ‖ βράδει B recc. plerique : βραδεῖ AD.

si l'on emmène ainsi sa troupe, on est accompagné des battues multipliées, des hennissements et des ébrouements [1] multipliés des chevaux, de telle manière que non seulement le chef mais encore tous ceux qui l'accompagnent offriront un magnifique spectacle.

**13** Si l'on sait acheter un cheval, l'élever de manière à le rendre apte à supporter la fatigue [2], s'en servir correctement dans le service en campagne [3], l'équitation de parade et au combat, qui s'oppose dès lors à ce qu'on rende les chevaux meilleurs qu'on ne les a reçus, à ce qu'on possède [4] des chevaux réputés, à ce qu'on acquière soi-même une réputation dans l'art équestre, si quelque divinité n'y met obstacle? [5]

## XII

**1** Nous voulons écrire encore quel doit être l'équipement [6] du cavalier qui s'apprête à affronter les dangers. D'abord donc, nous affirmons qu'il lui faut avoir une cuirasse faite sur mesure, car une cuirasse bien ajustée [7], c'est le corps qui doit la porter, tandis qu'une trop lâche porte sur les seules épaules, et une trop étroite n'est pas une arme mais un carcan.

**2** Comme le cou est un endroit vital, nous disons qu'il doit aussi avoir une pièce de protection en genre de colle-

1. Le mot φύσημα, trop souvent confondu avec φρύαγμα, ne peut désigner que l'ébrouement, bruit que le cheval fait au galop, provoqué par « une expiration saccadée accompagnée de vibrations des ailes du nez » (Jacoulet, N.E., p. 71). Les battues (κτύπος), ébrouements, hennissements d'une centaine de chevaux au galop ajoutent à la beauté d'un spectacle qui n'est pas composé uniquement pour les yeux. Homère était déjà sensible au bruit sonore du galop sur un sol sec, *Iliade*, 10, 532; 535; 17, 175; voir *Cheval « Iliade »*, p. 52; 148-149; 205.

2. C'est-à-dire le mettre « en condition », c'est-à-dire encore dans l'état du cheval parvenu au faîte de sa capacité de travail.

3. Littéralement « les exercices en vue de la guerre ».

4-7. *Notes complémentaires*, p. 142.

ἐὰν ἡγῇ αὐτοῖς οὕτως, ἀθρόος μὲν ⟨ἂν⟩ ὁ κτύπος, ἀθρόον δὲ τὸ φρύαγμα καὶ τὸ φύσημα τῶν ἵππων συμπαρέποιτο, ὥστε οὐ μόνον αὐτός, ἀλλὰ καὶ πάντες οἱ συμπαρεπόμενοι ἀξιοθέατοι ἂν φαίνοιντο.

13 Ἤν γε μήν τις καλῶς μὲν ἱππωνήσῃ, τρέφῃ δὲ ὡς πόνους δύνασθαι ὑποφέρειν, ὀρθῶς δὲ χρῆται καὶ ἐν τοῖς πρὸς πόλεμον μελετήμασι καὶ ἐν ταῖς πρὸς ἐπίδειξιν ἱππασίαις καὶ ἐν τοῖς πολεμικοῖς ἀγωνίσμασι, τί ἔτι ἐμποδὼν τούτῳ μὴ οὐχὶ πλείονός τε ἀξίους ἵππους ποιεῖν ἢ οἵους ἂν παραλαμβάνῃ, καὶ εὐδοκίμους μὲν ἵππους ἔχειν, εὐδοκιμεῖν δὲ αὐτὸν ἐν τῇ ἱππικῇ, ἢν μή τι δαιμόνιον κωλύῃ;

## XII

1 Γράψαι δὲ βουλόμεθα καὶ ὡς δεῖ ὡπλίσθαι τὸν μέλλοντα ἐφ' ἵππου κινδυνεύειν. Πρῶτον μὲν τοίνυν φαμὲν χρῆναι πρὸς τὸ σῶμα τὸν θώρακα πεποιῆσθαι· τὸν μὲν γὰρ καλῶς ἁρμόζοντα ἐκεῖνον φέρειν ⟨δεῖ⟩ τὸ σῶμα, τὸν δὲ ἄγαν χαλαρὸν οἱ ὦμοι μόνοι φέρουσιν· ὅ γε μὴν λίαν στενὸς δεσμός, οὐχ ὅπλον ἐστίν.

2 Ἐπεὶ δὲ καὶ ὁ αὐχήν ἐστι τῶν καιρίων, φαμὲν χρῆναι καὶ τούτῳ ἐξ αὐτοῦ τοῦ θώρακος ὅμοιον τῷ

**12** 4 οὕτως A recc. : οὗτος B ‖ ἂν add. Courier ‖ κτύπος A : τύπος B ‖ 5 συμπαρέποιτο AB : -έσοιτο recc. ‖ 6 οἱ A : ὅσοι B ‖ 7 φαίνοιντο A recc. : φαίνω[-οι-B$^2$]νται B ‖ **13** 1 μήν A : μέν B μέντοι recc. ‖ μὲν om. B recc. ‖ τρέφῃ A recc. : τρέφει B ‖ 6 οἵους A : οὓς B ‖ παραλαμβάνῃ AB$^2$ recc. : -βάνει B ‖ 8 post κωλύῃ quinque litterarum spatium reliquit B.

**1** 3 πρὸς τὸ σῶμα τὸν θώρακα AB : τὸν θ. π. τ. σ. recc. ‖ 4 γὰρ AFR : om. cett. ‖ ἐκεῖνον codd. : ἐκεῖνον ὅλον coni. Ruehl ἔοικε πᾶν Diels ἱκανὸν Erbse ὅλον Castalio ‖ φέρειν AB recc. plerique : φέρει FNR Ruehl Castalio φέρει ἅπαν dubit. prop. Marchant ‖ δεῖ addidi ‖ **2** 1 καὶ om. B.

rette, tenant à la cuirasse même; cette pièce constituera un ornement et, en même temps, si elle est fabriquée selon les règles de l'art, couvrira le visage du cavalier, s'il veut, jusqu'au nez.

**3** Comme casque, nous jugeons que le meilleur est celui de fabrication béotienne; c'est lui qui protège le mieux tout ce qui dépasse de la cuirasse, sans empêcher de voir. De son côté, la cuirasse doit être fabriquée de manière à n'empêcher ni de s'asseoir ni de se pencher.

**4** Pour la région du bas-ventre et du sexe et des endroits environnants, que les ailes [1] soient assez nombreuses et assez bien disposées pour pouvoir écarter les traits.

**5** Et comme tout accident à la main gauche [2] annihile le cavalier, pour elle aussi nous recommandons l'armure inventée que l'on appelle le gantelet [3]. Il couvre l'épaule, le bras et le coude et ce qui tient les rênes [4], il se déplie et se rentre; il protège en outre le défaut de la cuirasse, sous l'aisselle. **5** La main droite, s'il s'agit de lancer un javelot ou de frapper, il faut la lever; il convient donc de supprimer la partie de la cuirasse qui gêne le geste; à la place, il faut appliquer des ailes dans les jointures [5] de façon qu'elles s'ouvrent également quand on lève le bras et se ferment quand on l'abaisse.

**7** Pour le bras, l'espèce de cnémide [6] qui s'applique sur sa longueur nous paraît préférable à une pièce rapportée de l'armure. La partie découverte [7], quand le bras droit est levé, doit être protégée près de la cuirasse par une pièce

1. Les « ailes » sont les lamelles, sans doute métalliques, imbriquées de manière à permettre du jeu de l'une à l'autre. Dans l'*Anab.*, 4, 7, 15, on en voit faites de joncs tressés chez les Chalybes, spécialistes pourtant du travail du fer.

2. C'est la main qui tient les rênes; cf. 7, 8 et la n. 6, et ci-dessous § 12, n. 1.

3. Un gantelet qui fait aussi office de brassard et d'épaulière.

4. Il recouvre donc le dessus de la main puisque, si on tient les rênes dans une seule main, la paume est en-dessous.

5. C'est-à-dire vraisemblablement les charnières qui retenaient la partie enlevée (le gantelet sans doute) de l'armure.

6-7. *Notes complémentaires*, p. 142.

αὐχένι στέγασμα πεποιῆσθαι· τοῦτο γὰρ ἅμα κόσμον τε παρέξει, καὶ ἣν οἷον δεῖ εἰργασμένον ᾖ, δέξεται ὅταν βούληται τῷ ἀναβάτῃ τὸ πρόσωπον μέχρι τῆς ῥινός.

3 Κράνος γε μὴν κράτιστον εἶναι νομίζομεν τὸ Βοιωτιουργές· τοῦτο γὰρ αὖ στεγάζει μάλιστα πάντα τὰ ὑπερέχοντα τοῦ θώρακος, ὁρᾶν δὲ οὐ κωλύει. Ὁ δ' αὖ θώραξ οὕτως εἰργάσθω, ὡς μὴ κωλύειν μήτε καθίζειν μήτ' ἐπικύπτειν.

4 Τὰ δὲ περὶ τὸ ἦτρον καὶ τὰ αἰδοῖα καὶ τὰ κύκλῳ αἱ πτέρυγες τοσαῦται καὶ τοιαῦται ἔστωσαν, ὥστε στέγειν τὰ βέλη.

5 Ἐπεὶ δὲ καὶ ἡ ἀριστερὰ χείρ, ἤν τι πάθῃ, καταλύει τὸν ἱππέα, καὶ ταύτῃ ἐπαινοῦμεν τὸ εὑρημένον ὅπλον τὴν χεῖρα καλουμένην. Τόν τε γὰρ ὦμον σκεπάζει καὶ τὸν βραχίονα καὶ τὸν πῆχυν καὶ τὸ ἐχόμενον τῶν ἡνιῶν, καὶ ἐκτείνεται δὲ καὶ συγκάμπτεται· πρὸς δὲ τούτοις καὶ τὸ διαλεῖπον τοῦ θώρακος ὑπὸ τῇ μασχάλῃ καλύπτει.

6 Τήν γε μὴν δεξιὰν ἐπαίρειν δεῖ, ἤν τε ἀκοντίσαι ἤν τε πατάξαι βουληθῇ. Τοῦ μὲν δὴ θώρακος τὸ κωλῦον ταύτῃ ἀφαιρετέον· ἀντὶ δὲ τούτου πτέρυγας ἐν τοῖς γιγγλύμοις προσθετέον, ὅπως, ὅταν μὲν διαίρηται, ὁμοίως ἀναπτύσσωνται, ὅταν δὲ καταίρηται, ἐπικλείωνται.

7 Τῷ γε μὴν βραχίονι τὸ ὥσπερ κνημὶς παρατιθέμενον βέλτιον ἡμῖν δοκεῖ εἶναι ἢ συνδεθὲν ⟨τῷ⟩ ὅπλῳ. Τό γε μὴν ψιλούμενον αἰρομένης τῆς δεξιᾶς στεγαστέον

3 4 κωλύειν A : κωλύῃ B recc. plerique κωλύει aut κωλύεις cett. ‖ 4 1 Τὰ A : τὸ B ‖ 3 στέγειν AB : ἄγειν recc. ‖ 5 1 ἡ om. recc. ‖ 6 2 δὴ om. B recc. ‖ 3 πτέρυγας A : πτέρυγες ὦσιν B ὦσιν del. $B^2$ ‖ 4 προσθετέον AB : προσθεταί $B^2$ recc. ‖ ὅπως om. B recc. ‖ 5 καταίρηται Schneider : καθαίρηται codd. ‖ 7 2 βέλτιον A : ἀρκεῖν βέλτιον B ἀρκεῖν καὶ βέλτιον coni. Schneider ‖ τῷ add. Schneider.

de veau ou de bronze; sinon, un endroit particulièrement vital sera privé de protection.

**8** Et puisque, si un accident survient au cheval, le cavalier se trouve en plein danger, le cheval aussi doit être armé d'un chanfrein, d'un poitrail [1] et de ces couvre-côtes, qui sont en même temps comme des cuissards pour le cavalier. Mais de toutes les parties du corps, c'est surtout le ventre [2] du cheval qu'il faut protéger; car tout en étant l'endroit le plus vital il est encore le plus délicat; il est possible de le protéger lui aussi avec la selle [3]. **9** Mais il convient aussi que la matelassure [4] soit cousue de manière à procurer au cavalier l'assiette la plus solide sans blesser le dos du cheval. Sur tous ces points, donc, c'est ainsi que l'on armera cheval et cavalier.

**10** En revanche, les jambes et les pieds doivent naturellement dépasser hors des cuissards; mais on peut les armer aussi en employant des houseaux [5] de cuir, de ce cuir dont les chaussures sont faites : on aurait ainsi du même coup la jambe armée et le pied chaussé.

**11** Telles sont, avec le secours des dieux, les armes défensives. Comme armes offensives, nous recommandons le sabre, de préférence à l'épée; car pour le cavalier, placé haut, le coup de tranchant sera plus efficace que le coup de pointe [6].

**12** Au lieu d'une lance à longue hampe, en soi fragile et peu maniable, nous recommandons plutôt les deux javelots

1. Le chanfrein et le poitrail sont une pièce d'armure rigide protégeant les parties du même nom chez le cheval. Xén. décrit la même armure dans un passage de la *Cyrop.* (6, 4, 1; 7, 1, 2) assez semblable à celui-ci.

2. Le mot γαστήρ (cf. lexique) est pris ici au sens propre de « ventre », partie du cheval que ne protège aucun os.

3. Sur la selle, voir l'appendice. Pour qu'elle pût protéger le ventre, il lui fallait s'étendre très en arrière des côtes et descendre très bas. Il se peut qu'une selle de telles dimensions, qui tient du caparaçon et sert d'armure, corresponde à un simple conseil théorique de Xén. Elle a pu exister dans certaines armées barbares; les combats de la cavalerie grecque sont ceux d'une cavalerie légère.

4-6. *Notes complémentaires*, p. 142-143.

ἐγγὺς τοῦ θώρακος ἢ μοσχείῳ ἢ χαλκείῳ· εἰ δὲ μή, ἐν τῷ ἐπικαιροτάτῳ ἀφύλακτον ἔσται.

8 Ἐπεὶ δ' ἥνπερ τι πάσχῃ ὁ ἵππος, ἐν παντὶ κινδύνῳ καὶ ὁ ἀναβάτης γίγνεται, ὁπλίζειν δεῖ καὶ τὸν ἵππον προμετωπιδίῳ καὶ προστερνιδίῳ καὶ παραπλευριδίοις· ταῦτα γὰρ ἅμα καὶ τῷ ἀναβάτῃ παραμηρίδια γίγνεται. Πάντων δὲ μάλιστα τοῦ ἵππου τὸν κενεῶνα δεῖ σκεπάζειν· καιριώτατον γὰρ ὂν καὶ ἀφαυρότατόν ἐστιν· δυνατὸν δὲ σὺν τῷ ἐφιππίῳ καὶ αὐτὸν σκεπάσαι. 9 Χρὴ δὲ καὶ τὸ ἔποχον τοιοῦτον ἐρράφθαι ὡς ἀσφαλέστερόν τε τὸν ἱππέα καθῆσθαι καὶ τὴν ἕδραν τοῦ ἵππου μὴ σίνεσθαι. Καὶ τὰ μὲν δὴ ἄλλα οὕτω καὶ ὁ ἵππος καὶ ὁ ἱππεὺς ὡπλισμένοι ἂν εἶεν.

10 Κνῆμαι δὲ καὶ πόδες ὑπερέχοιεν μὲν ἂν εἰκότως τῶν παραμηριδίων, ὁπλισθείη δ' ἂν καὶ ταῦτα, εἰ ἐμβάται γένοιντο σκύτους, ἐξ οὗπερ αἱ κρηπῖδες ποιοῦνται· οὕτω γὰρ ἂν ἅμα ὅπλον τε κνήμαις καὶ ποσὶν ὑποδήματ' ἂν εἴη.

11 Ὡς μὲν δὴ μὴ βλάπτεσθαι θεῶν ἵλεων ὄντων ταῦτα ὅπλα. Ὡς δὲ τοὺς ἐναντίους βλάπτειν, μάχαιραν μὲν μᾶλλον ἢ ξίφος ἐπαινοῦμεν· ἐφ' ὑψηλοῦ γὰρ ὄντι τῷ ἱππεῖ κοπίδος μᾶλλον ἡ πληγὴ ἢ ξίφους ἀρκέσει.

12 Ἀντί γε μὴν δόρατος καμακίνου, ἐπειδὴ καὶ ἀσθενὲς καὶ δύσφορόν ἐστι, τὰ κρανάινα δύο παλτὰ

**7** 5 ἀφύλακτον AD : ἀφυλακτέον cett. ‖ **8** 1 Ἐπεὶ δ' ἥνπερ A : ἐπείπερ δὲ ἣν D ἐπείπερ ἣν cett. ‖ πάσχῃ B : πάσχοι A ‖ κινδύνῳ codd. : -δύνου coni. Dindorf Anonymum secutus ‖ 3 παραπλευριδίοις codd. cf. *Cyrop.* 6, 4, 1 : παραμηριδίοις coni. Weiske ‖ 4 ἀναβάτῃ ABD : ἀμβάτῃ cett. ‖ 7 post σὺν add. ταῖς πλευραῖς Tommasini ‖ καὶ om. recc. ‖ **9** 4 post ἄλλα add. τοῦ ἵππου B recc. ‖ **10** 2 ὁπλισθείη A recc. : ὁπλισθεὶς B ‖ δ' ἂν A : δὲ B ‖ ἐμβάται B : ἐμβάδες A ‖ 3 οὗπερ AB : οἵουπερ recc. ‖ **12** 2 κρανάινα B : κρανάηνα A κρανέϊνα coni. Leunclavius ‖ δύο παλτὰ A : εὔπαλτα B recc. nonnulli εὔπαλτα cett.

de cornouiller [1]; on peut, si on sait le faire, lancer l'un, et celui qui reste, il est possible de l'employer vers l'avant, les flancs et les arrières; ils sont en même temps plus solides que la lance et plus maniables. **13** Comme lancer, nous recommandons le plus distant; c'est lui qui donne le plus de temps pour faire demi-tour [2] et préparer un second trait.

Nous écrirons aussi, brièvement, la manière de lancer le javelot avec le maximum de force; il faut tirer en avançant le côté gauche, en effaçant le droit et en se dressant sur les cuisses [3], le javelot un peu relevé; le trait aura ainsi le plus de puissance et de portée; mais la plus grande précision du tir sera obtenue si le javelot ne cesse jamais d'être pointé dans la direction du but.

**14** Telles sont nos notes, destinées en qualité de manuel, de principes, d'exercices, à un amateur. Ce qu'un commandant de la cavalerie devrait savoir et pratiquer, nous l'avons exposé dans un autre écrit [4].

1. Le javelot a l'avantage de pouvoir tenir lieu de lance légère. Si le cavalier en a deux, il peut lancer l'un et pointer avec l'autre; mais pour lancer le premier, du bras droit, il faut tenir à la fois dans la main gauche le second et les rênes (cf. 7, 8 et la n. 6) Les deux javelots sont l'arme normale du cavalier perse (cf. *Hell.*, 3, 4, 14; *Cyrop.*, 1, 2, 9; 4, 3, 9; 7, 1, 2). — Xén. recommande le cornouiller, parce que c'est un bois d'une grande dureté.

2. Les occasions de ce demi-tour ont été expliquées en 8, 12 (voir les notes).

3. Ces trois gestes sont parfaitement observés.

4. Voir ci-dessus, 11, 10. — Il ne s'ensuit pas que l'*Art équestre* soit tout entier antérieur au *Commandant de la Cavalerie*, dont la date probable est 357 (voir *C. C.*, p. 20).

μᾶλλον ἐπαινοῦμεν· καὶ γὰρ ἐξαφεῖναι τὸ ἕτερον δυνατὸν τῷ ἐπισταμένῳ, καὶ τῷ λειπομένῳ οἷόν τε χρῆσθαι καὶ εἰς τὸ ἀντίον καὶ εἰς τὰ πλάγια καὶ εἰς τοὔπισθεν· καὶ ἅμα ἰσχυρότερά τε τοῦ δόρατος καὶ εὐφορώτερά ἐστιν. 13 Ἀκόντισμά γε μὴν τὸ μακρότατον ἐπαινοῦμεν· καὶ γὰρ ἀποστρέψαι καὶ μεταλαβεῖν παλτὸν οὕτω μᾶλλον ὁ χρόνος ἐγχωρεῖ.

Γράψομεν δὲ ἐν βραχεῖ καὶ ὡς ἂν τις κράτιστα ἀκοντίζοι. Ἢν γὰρ προβαλλόμενος μὲν τὰ ἀριστερά, ἐπανάγων δὲ τὰ δεξιά, ἐξανιστάμενος δὲ ἐκ τῶν μηρῶν, μικρὸν ἐπανακύπτουσαν τὴν λόγχην ἀφῇ, οὕτω σφοδρότατόν τε καὶ μακρότατον οἴσεται τὸ ἀκόντιον, εὐστοχώτατον μέντοι, ἐὰν κατὰ τὸν σκοπὸν ἀφιεμένη ἀεὶ ὁρᾷ ἡ λόγχη.

14 Καὶ ταῦτα μὲν δὴ ἰδιώτῃ καὶ ὑπομνήματα καὶ μαθήματα καὶ μελετήματα γεγράφθω ἡμῖν. Ἃ δὲ ἱππάρχῳ προσῆκεν εἰδέναι τε καὶ πράττειν ἐν ἑτέρῳ λόγῳ δεδήλωται.

**12** 3 δυνατὸν A : ἀδύνατον B ‖ 5 τοὔπισθεν A : τοὔμπροσθεν B ‖ 6 καὶ ἅμα A recc. : ἅμα τε B ‖ **13** 4-5 δὲ — μὲν om. A ‖ 7 ἐπανακύπτουσαν recc. : -κάμπτουσαν A — κόπτουσαν B ‖ 9 post λόγχη des. A ‖ **14** 1-3 καὶ — δεδήλωται del. Wilamowitz.

# APPENDICE

## LES PROBLÈMES DE LA SELLE, DU HARNAIS DE TÊTE ET DU MORS

Deux problèmes d'ordre technique sont simples parce que sans objet, ceux de la ferrure et des étriers. Les Grecs ignoraient la ferrure; le texte de l'*Art équestre*, avec les conseils réitérés sur la nécessité de faire durcir le sabot, le prouve surabondamment à lui seul. On peut se reporter au mot **ὁπλή**, au lexique, avec les références, et consulter Vigneron, t. II, planches 10-13 sur l'« hipposandale ».

Les Grecs ignoraient également les étriers. Xénophon juge normal que le cavalier, en cas de besoin, saisisse la crinière pour ne pas compromettre son assiette (5,7; 8,8); et s'il lui indique les façons de sauter à cheval à la force des poignets, ou en s'aidant de la lance, ou à la mode perse (6,12; 7,1; 2), c'est que le cavalier ne dispose pas d'étriers (voir Vigneron, t. II, pl. 33). L'existence des éperons, en revanche, est indiscutable, puisque Xénophon recommande leur emploi dans des cas précis (8,5; Vigneron, *ib.*, pl. 31); mais ils ne posent aucun problème.

Les problèmes de la selle, du harnais de tête et du mors, moins faciles, exigent des explications particulières.

***La selle.*** On lit toujours que la selle était inconnue des Grecs, et l'on concède tout au plus qu'il existait chez eux une sorte de couverture, ou de housse, ou encore de tapis de selle, et c'est par ces mots divers que l'on rend le grec **ἐφίππιον**, l'**ἀστράβη** n'étant qu'un bât sur un dos de mule.

Les Grecs ne connaîtraient pas la selle, dit-on, parce que leurs dessins, peintures, statues ou reliefs n'en montrent jamais. En effet, si de très bonne heure les artistes orientaux de Babylone, d'Assyrie ou de Perse, donnent une image de l'*ephippion*, on n'en voit pas en Grèce avant l'époque d'Alexandre. A l'époque classique, la sculpture grecque ne représente pas de chevaux même couverts d'une simple housse.

On pourrait invoquer dans le même sens plusieurs passages de l'*Art équestre* lui-même. Lorsqu'il écrit que le « dos double » du cheval procure un siège plus doux que le « dos tranchant » (1,11), il est probable que Xénophon ne considère pas qu'il y ait un objet quelconque sous le cavalier. Lorsqu'il donne à celui qui saute à cheval le conseil de ne pas poser le genou sur le dos de sa monture (7,2), il s'agit visiblement d'un dos nu. Et lorsqu'il insiste, non sans raison, sur quelques répugnances du cheval à se laisser brider ou monter (3,2; 3; 11), il n'ajoute aucune allusion à des chevaux rebelles à se laisser seller. On parvient donc à cette conclusion partielle, et certaine à l'intérieur de ses limites mêmes, que les Grecs — les Athéniens en particulier — étaient assez bons cavaliers pour monter sur leurs chevaux à cru, c'est-à-dire sans selle.

Mais montaient-ils *toujours* ainsi?

Les arguments tirés de l'art ne prouvent nullement de façon décisive qu'il n'existait pas de selle à l'époque de Xénophon. Le témoignage de la sculpture n'est que négatif, et les textes lui apportent une contradiction formelle. Le silence des sculpteurs sur la selle peut s'expliquer par des traditions d'école; il est plutôt dû à une convention artistique. Ainsi les rênes, la bride et le mors, dont l'existence ne peut être mise en doute, et que les peintures de vase reproduisent souvent, n'apparaissent que rarement dans la sculpture. Dans certains cas, ils peuvent être peints sur les statues, ou représentés par de minces pièces métalliques rapportées, ou figurés à même le marbre par un léger coup de ciseau (cf. La Coste-Messelière, *Fouilles de Delphes*, IV, 2; hors-texte XII et p. 100; 119; 121; cf. aussi Demangel, *La frise ionique*, p. 565; G. Richter, *Sculpture and Sculptors of the Greeks*, p. 147-8), mais ils n'ont laissé que peu de traces.

La selle, au contraire, il est probable que les Grecs, sensibles à la beauté du cheval, l'ont systématiquement supprimée de leurs statues ou reliefs équestres, car elle aurait masqué une partie de cette beauté dans son mouvement et ses formes. Il n'est pas impossible qu'ils l'aient quelquefois peinte sur le marbre (cf. La Coste-Messelière, *Au musée de Delphes*, p. 362 et la n. 1), mais sans la traduire par aucun procédé de sculpture. Imagine-t-on la frise du Parthénon représentant des chevaux dont on ne verrait ni la ligne du ventre, ni celle des reins, ni le modelé des côtes? Le nu grec est une convention dans la statue de l'homme. Pourquoi ne serait-il pas une autre convention dans celle du cheval?

Les textes enlèvent le doute sur ce point, et avant tout ceux de Xénophon, qui est le premier à parler de l'*ephippion*. Admettons que la mention des *ephippia* de la *Cyropédie* ne soit pas concluante, parce que ces selles, dans le contexte, sont perses. Cyrus en fait distribuer aux officiers de cavalerie avant son grand défilé de victoire (*Cyrop.*, 8,3,6). Mêmes perses, elles sont au moins connues de Xénophon. Mais celles auxquelles il fait allusion dans le *Commandant de la cavalerie* (8,4), quand il rappelle que l'hipparque ne doit jamais être démuni de courroies parce que celles-ci servent à l'attache des brides et des *ephippia*, sont grecques et même athéniennes.

L'*Art équestre* donne d'autres précisions. En 7,5, Xénophon distingue la position du cavalier à cru, ou sur un *ephippion*. En 12, 8-9, il écrit encore que cet objet protège le ventre du cheval. Son existence au temps de Xénophon est donc incontestable, et même si le mot n'était pas dans les textes, l'*Art équestre* montrerait l'existence de la chose. Rien n'indique peut-être, dans l'examen de la manière de sauter à cheval qu'il y ait, ou qu'il n'y ait pas, de selle; mais les chevaux blessaient sur le dos: Xénophon le dit en termes explicites (12,9). Comment ces blessures auraient-elles pu se produire si un objet relativement dur n'était interposé entre cheval et cavalier? Pourquoi Xénophon veut-il des soins particuliers pour le pansage du dos (5,5), en ajoutant qu'ils préservent des blessures en cet endroit, sinon parce qu'un *ephippion* risque de provoquer ou d'augmenter des irritations et des plaies?

On peut, semble-t-il, compléter la première conclusion partielle : l'*ephippion* existe, mais n'est pas toujours employé. Les Grecs montaient, tantôt à cru et tantôt en selle, et c'est parce que le fait était ordinaire que Xénophon n'éprouve aucun besoin d'insister sur la distinction impliquée.

On aimerait préciser davantage et déterminer dans quels cas on se servait du cheval sellé. A la guerre, sans doute, mais il n'apparaît pas qu'il y ait eu une doctrine sur ce point. Tout ce qu'on peut dire, c'est que le contact d'un dos et de côtes mouillés de sueur ne devait pas être agréable pour les cuisses ni pour les fesses nues du cavalier et risquait de le blesser lui-même (cf. 7,8 et la n. 5).

Il est possible, en revanche, d'apporter grâce à notre texte quelques précisions sur la nature de l'*ephippion.* Quelquefois, mais peut-être ailleurs qu'en Grèce, le dos du cheval portait simplement des couvertures pliées ou superposées. Un passage de la *Cyropédie* donne à le croire; on y lit que les Perses ont « aujourd'hui sur leur cheval plus de matelassure que sur leur lit, car ils ne s'inquiètent pas tant de la position à cheval que de la mollesse du siège » (8,8,19). Mais le mot **στρώματα,** qui signifie exactement « couverture » montre qu'il ne s'agit pas d'un *ephippion.*

L'*ephippion* est autre chose qu'un amoncellement de couvertures. C'est un objet déterminé, fixé au cheval par des courroies ou des sangles (*C.C.*, 8,4). Il descend assez bas et s'étend assez en arrière pour protéger le ventre (*Art éq.*, 12,8) et son épaisseur lui permet de résister aux traits. En avant, il ne va pas assez loin pour risquer de blesser le garrot — à moins qu'il ne soit pourvu d'un arçon, ce qui n'est pas dit — puisque Xénophon ne fait allusion qu'à des blessures du dos, alors que celles du garrot sont plus graves.

Enfin, et surtout, ce qui distingue l'*ephippion* d'une simple couverture ou d'une housse, c'est qu'il possède une véritable matelassure, cousue sans doute sous lui, et venant au contact du cheval (**χρὴ ... τὸ ἔποχον ... ἐρράφθαι,** 12,9). Peu épais apparemment puisqu'il est sans influence sur la position du cavalier à cheval (7,5), il est disposé de manière à procurer au cavalier une assiette solide; et l'on peut même supposer qu'il comporte une sorte de troussequin, indispensable pour empêcher le cavalier de glisser en arrière lorsqu'il fait usage de sa lance. Il ne peut donc être un simple tapis de selle. Il est une véritable selle et l'on peut voir en lui l'ancêtre de la selle dite « française », qui sert avec les chevaux dits « de manège ». Les Grecs ne se servaient pas toujours de la selle, qui avait ses imperfections et ses inconvénients, mais ils la connaissaient.

***Le harnais de tête et le mors.***

Bien que la bride et le mors d'aujourd'hui soient différents de la bride et du mors grecs, il est utile d'expliquer leur action pour comprendre leur fonctionnement au temps de Xénophon.

L'ensemble du harnais de tête, appelé communément « bride », se compose aujourd'hui du *mors de bride*, avec les courroies qui le soutiennent, et du *filet*. La *têtière*, reposant sur la nuque et maintenue en avant par le *frontal*, en arrière par la *sous-gorge*, supporte de chaque côté les deux *montants* de bride, qui soutiennent eux-mêmes l'un le mors de bride par ses *branches*, l'autre le filet par ses *anneaux* (voir la fig. 2). Lorsque la main tend les rênes, le filet agit, avec douceur, directement sur la commissure des lèvres; le mors au contraire agit, plus fortement, sur les barres. La rêne de bride, en tirant sur l'extrémité inférieure des branches du mors, fait basculer en avant l'extrémité supérieure autour d'un point fixe obtenu par la tension de la *gourmette*, petite chaîne aplatie qui comprime la barbe du cheval en arrière de la bouche; l'embouchure vient donc appuyer sur les barres comme un levier puissant.

Avec un enrênement plus simple, et moins efficace, le cheval n'a dans la bouche qu'un filet, sans mors de bride. Les montants de bride peuvent être maintenus par une courroie supplémentaire, en angle droit avec eux, qui entoure le nez du cheval à mi-distance environ entre les yeux et les naseaux : c'est la *muserolle*.

Le mors grec, en soi et dans son principe d'action, est très différent, et Xénophon ne le décrit pas. Il en parle comme d'une chose connue de ses lecteurs, et de là viennent pour nous des obscurités. Cependant, si l'on tire parti de ce qui est impliqué dans l'*Art équestre*, et en le confrontant avec les mors de l'époque retrouvés [1], on peut se faire une idée de sa constitution et de son fonctionnement.

Le mors est le **χαλινός** [2]. Il est seul, là où nous avons le mors de bride et le filet. Les rênes sont les **ἡνίαι**, un pluriel bien qu'il n'y ait en réalité qu'une seule rêne; mais on la considère double parce qu'en principe chaque côté est tenu par une main différente : il y a la rêne droite et la rêne gauche, tandis qu'aujourd'hui, avec bride et filet, il y a deux rênes droites et deux rênes gauches.

Le vocabulaire grec donne, en outre, pour les parties du harnais de tête qui sont en cuir, comme aujourd'hui, **τὰ κατατείνοντα**, les montants de bride, **ἡ κορυφαία**, la têtière, **ὁ κεκρύφαλος**, le frontal. Le **ψάλιον** [3], pièce qui fait partie de l'ensemble, est un caveçon d'une espèce particulière car il semble se confondre avec une muserolle. Entourant la tête du cheval un peu au-dessus des naseaux, comme la muserolle moderne, il est fait d'une bande de cuir renforcée peut-être par des parties métalliques et comporte un anneau pour l'attache de la longe, ou corde-longe (**ἀγωγεύς, ῥυταγωγεύς**), qui sont en corde.

Les parties uniquement métalliques sont **οἱ ἄξονες**, les canons du mors, **οἱ ἐχῖνοι**, les hérissons, **οἱ τροχοί**, les rondelles, **οἱ δακτύλιοι**, les anneaux, enfin **αἱ συμβολαί**, les brisures (fig. 3).

Reste un mot, qui fait difficulté, l'**ὑποχαλινιδία**. Xénophon n'insiste pas sur la façon dont les parties métalliques sont liées aux parties en cuir, parce que le problème de l'attache et de la fixation du mors est, comme on le verra plus loin, simple. S'il parle, en revanche, de la fixation de la longe, c'est parce qu'elle peut être attachée à deux endroits différents.

Décrivant la manière dont il faut sauter pour se mettre

1. Voir les images dans Anderson, planches 33 à 39, et dans Vigneron, t. II, planches 20 à 26.

2. Pour tous les mots grecs intéressant le mors, voir le lexique, avec les références.

3. Sur le ψάλιον, voir Vigneron, t. I, p. 61-62; 67. Son interprétation est décisive.

sur le dos du cheval, il écrit que le cavalier doit, avec assez de jeu pour ne pas tirer sur le cheval, saisir le **ῥυταγωγεύς**, qui se trouve, tout prêt, fixé au **ψάλιον** (décrit ci-dessus), ou à **ὑποχαλινιδία** (7,1). Là gît la vraie difficulté; on ne peut essayer de la résoudre que si l'on définit le **ῥυταγωγεύς** d'une part, l'**ὑποχαλινιδία** de l'autre.

D'abord, le **ῥυταγωγεύς** est-il la même chose que l'**ἀγωγεύς** ? C'est possible, si l'on admet une légère négligence dans l'emploi des mots. En ce cas Xénophon ne distingue pas corde et corde-longe. On peut ne pas admettre que les deux mots soient synonymes. En ce cas, l'**ἀγωγεύς** est simplement la *longe*, c'est-à-dire la corde avec laquelle on peut conduire le cheval en main en le faisant aller en avant — ce que Xénophon réprouve — « la longe longue » (6,5 et la note). On peut aussi se servir d'elle pour enseigner le saut en largeur au cheval inexpérimenté : on le prend d'abord par la longe, et puis on fait une tension de la longe (8,3 bis). Ces opérations peuvent se faire évidemment avec un cheval bridé, mais il n'est nullement nécessaire qu'il le soit : l'**ἀγωγεύς** peut être fixé à un simple caveçon, sans harnais de tête complet; il est la longe, qui permet de faire travailler le cheval en cercle ou de le conduire en main, pour une promenade ou l'abreuvoir.

En ce cas aussi, par suite, le **ῥυταγωγεύς** est la *corde-longe*, accrochée au **ψάλιον** qui est une partie intégrante du harnais de tête; le cheval bridé a donc toujours une corde-longe. Celle-ci permet au cavalier monté de diriger le cheval en cas de besoin quand ses mains ne peuvent agir sur les rênes, mais elle permet surtout au cavalier à pied de conduire le cheval en main, quand il est en promenade ou en campagne, et d'attacher sa monture au cours d'une halte, à la rigueur pour la nuit s'il risque d'être appelé brusquement à se mettre en selle. Ainsi s'expliqueraient les deux composantes du mot : on peut « conduire en main » (**ἄγειν**) le cheval avec la corde-longe; on peut aussi le « tirer » (**ἐρύειν**) avec elle, comme le cheval à l'attache peut tirer sur elle.

Et l'**ὑποχαλινιδία** [1]? Si la corde-longe n'est pas fixée au

1. Voir Widdra, texte et traduction (1965), notes 39; 70; 90.

ψάλιον (et quand elle l'est, c'est au moyen d'un anneau dont Xénophon ne dit pas la place), elle est fixée à l'ὑποχαλινιδία. Cette partie de la bride se trouve, comme le mot l'indique, sous le mors. Un tel emplacement, avec l'exiguïté de l'objet, l'empêche d'être visible sur les images de vases ou de reliefs, et l'objet lui-même a des chances d'être une petite corde, ou une menue courroie de cuir, et non une chaîne de métal puisqu'il n'a jamais été conservé. Agissant à la fois sur les deux côtés de la bouche pour que le cheval ne risque pas d'avoir les barres faussées [1] — une hantise chez Xénophon — elle doit être placée à l'endroit de la gourmette moderne, sans jouer naturellement le même rôle. Sa fonction est de recevoir une extrémité de la corde-longe, dont l'autre extrémité est tenue par le cavalier à pied ou à cheval, ou enroulée autour de l'encolure. On peut traduire le mot par mentionnière, ou fausse-gourmette, mieux sans doute par *sous-barbe*.

Il est maintenant possible d'expliquer les deux derniers problèmes intéressant le harnais de tête et le mors, c'est-à-dire la fixation de la partie cuir à la partie métal, ensuite l'action de la main du cavalier.

Le mors, qui repose sur les barres, est soutenu par les montants de bride en quatre points, au moyen de quatre anneaux situés par paire sur chacune des deux branches; à ces anneaux sont fixées les extrémités inférieures des montants dans leur partie bifurquée. La bifurcation se fait à la hauteur de la muserolle ou caveçon (comme on le voit sur les planches d'Anderson et de Vigneron). Le mors est d'autant plus sévère que les montants sont plus tendus (10,7 et la note). Aux deux extrémités des canons se trouvent des anneaux, où viennent s'accrocher, de part et d'autre de la bouche, les rênes posées sur l'encolure ou tenues par le cavalier. Xénophon ne mentionne pas ces anneaux, dont le rôle est évident, mais ils existent naturellement sur les mors conservés (fig. 4).

L'action du cavalier sur le mors se fait évidemment par l'intermédiaire des rênes. En tendant celles-ci, avec une ou deux mains, du côté droit ou du côté gauche, par

1. Voir au lexique ἑτερόγναθος et les références.

ouverture ou par appui, ou bien des deux côtés également, le cavalier dirige le cheval, l'arrête et obtient sa soumission par la flexion de l'encolure, le résultat étant pratiquement le même qu'avec un mors moderne. Dans tous les cas, Xénophon recommande la douceur et la légèreté de la main, de même qu'il préfère le mors souple, ou flexible, au mors dur, ou rigide, selon les explications qu'il donne, avec une parfaite clarté, aux paragraphes 6 à 11 du dixième chapitre.

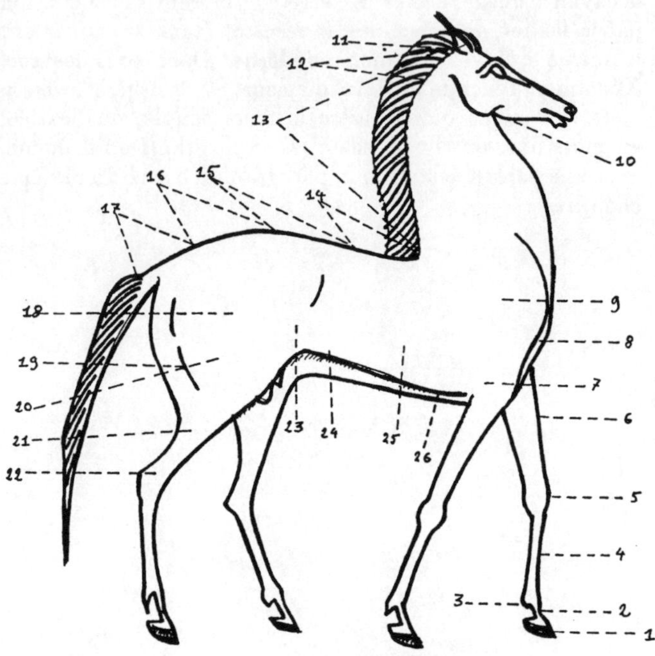


Fig. 1. — L'extérieur du cheval.

1. Sabot.
2. Pâturon.
3. Boulet.
4. Canon.
5. Genou.
6. Avant-bras.
7. Bras.
8. Poitrail.
9. Épaule.
10. Ganache.
11. Nuque.
12. Haut de l'encolure.
13. Encolure.
14. Garrot.
15. Dos.
16. Rein.
17. Croupe.
18. Hanche.
19. γραμμή (sillon intermusculaire).
20. Cuisse.
21. Jambe.
22. Jarrets.
23. Flanc.
24. Ventre.
25. Côtes.
26. γαστήρ (passage des sangles).

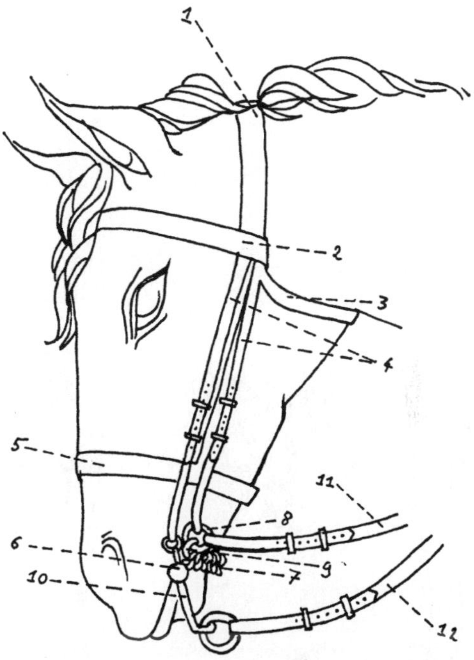


Fig. 2. — Bride moderne et ajustage du mors.

1. Têtière.
2. Frontal.
3. Sous-gorge.
4. Montants de bride.
5. Muserolle.
6. Mors de bride.
7. Gourmette.
8. Anneau du filet.
9. Filet.
10. Branche du mors.
11. Rêne de filet.
12. Rêne de bride.

Note : Le caveçon moderne (correspondant au ψάλιον grec) est un anneau fixé — sans bride complète — sur le devant de la muserolle et permettant aujourd'hui le travail à la longe. La corde-longe des Grecs est attachée soit au ψάλιον, soit à l'ὑποχαλινιδία (mentonnière ou sous-barbe), courroie placée sous le mors grec : voir *Art éq.*, 7, 1 et l'appendice.

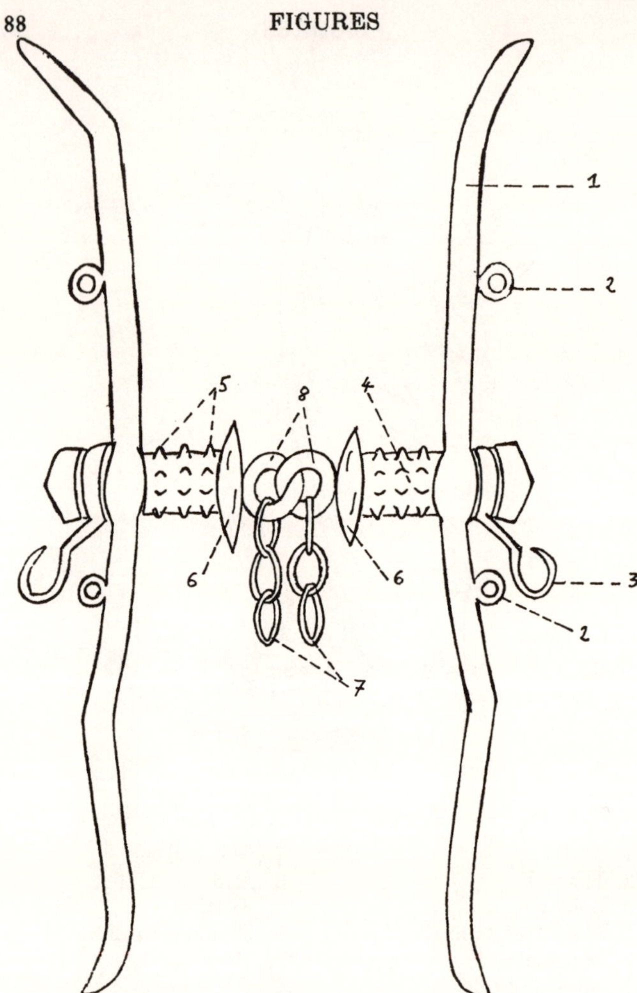


Fig. 3 . — Schéma d'un mors grec.

1. Branche.
2. Anneaux de fixation des montants de bride bifurqués.
3. Crochets où sont accrochées les rênes.
4. ἄξων (canon).
5. ἐχῖνοι (hérissons).
6. τροχοί (rondelles).
7. δακτύλιοι (anneaux).
8. συμβολαί (brisures).

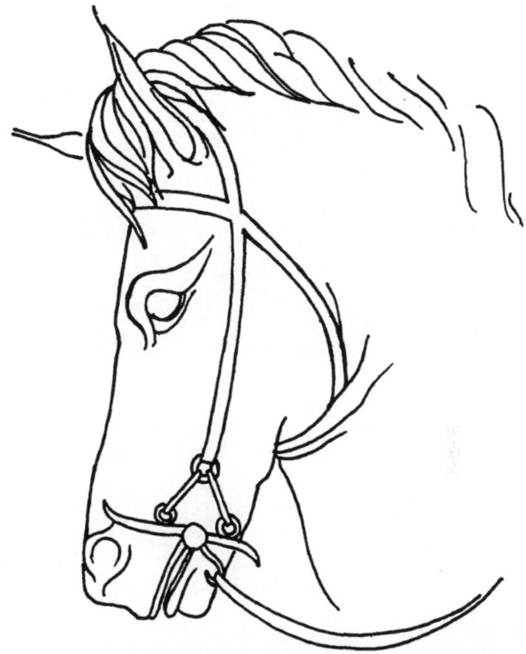

Fig. 4. — Mise en place de la bride et du mors grecs.

Notes :

1. La position de la tête est au *ramener*.
2. Pour le ψάλιον et l'ὑποχαλινιδία, voir la figure 2.

# ABRÉVIATIONS

A.E. = Xénophon, *De l'art équestre*, texte, traduction avec une introduction et des notes, par E. Delebecque, « Annales de l'Université de Lyon », 3e série, Lettres, fasc. 18, Belles Lettres, 1950.

Anderson = J. K. Anderson, *Ancient Greek Horsemanship*, Univ. of California Press, 1961.

*C.C.* = Xénophon, *Le commandant de la cavalerie*, texte établi et traduit par E. Delebecque, Belles Lettres, 1973.

*Chasse* = Xénophon, *L'art de la chasse*, texte établi et traduit par E. Delebecque, Belles Lettres, 1970.

*Cheval Iliade* = E. Delebecque, *Le cheval dans l'« Iliade »*, Klincksieck, 1951.

*Essai* = E. Delebecque, *Essai sur la vie de Xénophon*, Klincksieck, 1957.

Fillis = James Fillis, *Principes de dressage et d'équitation*, Flammarion, 3e éd. 1892.

*Hippologie* = *Manuel d'Hippologie*, publié par le Ministère de la Guerre, réédition, Lavauzelle, 1931.

Jacoulet = J. Jacoulet et C. Chomel, *Traité d'Hippologie* en 2 vol., Saumur, 1900.

Jacoulet, N. E. = J. Jacoulet et C. Chomel, *Traité d'Hippologie* en 1 vol., Saumur., s.d., 3e éd. revue et condensée.

Vigneron, t. I = Paul Vigneron, *Le cheval dans l'antiquité*, Nancy, 1968.

Vigneron, t. II = *id.*, volume de planches.

Widdra, édition = *Xenophontis De re equestri*, edidit Klaus Widdra, Teubner, 1964.

Widdra, texte et traduction = Xenophon, *Reitkunst*, griechisch und deutsch von Klaus Widdra (notes abondantes), Akademie-Verlag, Berlin, 1965.

N.B. Pour une bibliographie détaillée, on pourra se reporter à celles de l'A.E., p. 181-184; du *C.C.*, p. 63-66; du *Cheval Iliade*, p. 245-248; à compléter par celles d'Anderson, p. 221-231; de Vigneron, t. I, p. 318-333; de Widdra, édition, p. XXV-XXVII.

# LEXIQUE TECHNIQUE

N. B. Dans le présent lexique — qui peut servir d'index — figurent tous les mots (sauf ἵππος) intéressant le cheval et le cavalier susceptibles d'une acception technique. Pour grouper les familles de verbes, on a placé les composés sous le simple, celui-ci indiqué dans une parenthèse s'il est sans exemple dans le traité. On peut compléter ce lexique par celui du *Commandant de la cavalerie.*

ἀγελαῖος : (des ch.) rassemblés en troupeau, à la prairie, « au vert », 5, 8.

ἄγω : mener, conduire (en main), emmener (le ch.), 4, 1; 5, 3; 6, 4; 4; 5; 6 (passif); 9; — (du cav. monté) mener, 7, 3; — (du ch.) emmener (le cav.) 9, 7 βίᾳ; cf. βιάζομαι.

ἀπάγω : ramener (le ch. à l'écurie, en main), 6, 11.

διάγω : conduire (le ch., en main) à travers, 2, 5.

ἐξάγω : faire sortir (le ch. tenu en main), 4, 4; 5, 3; 10.

ἐπάγω + acc. : conduire (le ch. monté) sur (un obstacle), 8, 5.

παράγομαι : (du ch.) être mené de côté, 6, 6.

προάγω : pousser (le ch.), 9, 3; 10, 5.

προσάγω : (du ch.) avancer (les postérieurs), 1, 12; — (du cav.) faire avancer (le ch.) 6, 14; reprendre (le ch., avec le mors), 9. 5.

ἀγωγεύς : longe, 6, 5; 8, 3; 3; voir ῥυταγωγεύς.

ἀγωγή : conduite (du ch.) en main, 3, 4; 6, 4.

ἀδάμαστος : (poulain) non débourré, 1, 1.

ἄδικος : voir γνάθος.

ἀδικῶ : (du ch.) faire un mauvais coup, 6, 3.

ἀθρόος : (corps du ch.) qui se ramasse (sous un coup d'éperon), 8, 5; — au pl. : (ch.) côte à côte, 6, 6; voir *C. C.*, 5, 5; — autre sens : 11, 12; 12.

αἰδοῖα (τά) : sexe (du ch.), 11, 3.

αἷμα : sang (du ch.), 1, 5.

αἴρω : (du ch.) lever, élever, enlever (le pied, les membres, le corps), 1, 12; 7, 12; 10,15; 11, 2; 3; 11; — relever (l'encolure), se placer, 10, 4; 12 (voir ὑψηλαυχενία) — autre sens : 12, 7.

διαίρω : redresser (l'encolure), 10, 3; — au moyen : (du cav.) lever (le bras), 12, 6.

καταίρω : (du cav.) abaisser (le bras), 12, 6.

συνεπαίρω (du cav. qui saute à ch.), se hisser, 7, 2.

ἀκάθαρτος : (ch.) non pansé, 5, 10.

ἀκοντίζω : lancer le javelot, 7, 5; 8, 10; 12, 6; 13.

ἀκόντιον : javelot, 8, 10; 12, 13; εἰς ἀκ. : à portée de javelot, 8, 10.

ἀκόντισμα : lancer (du javelot), 12, 13.

ἄκοπος : (ch.) qui ne secoue pas (le cav.), 1, 6.

ἀκρωμία : garrot (ὑψηλή, élevé) 1, 11; 6, 7; 7, 1.

ἅλλομαι : (du ch.) sauter, 8, 4; — voir πηδῶ.

διάλλομαι : sauter en largeur, 8, 3; 8.

ἐξάλλομαι : sauter en longueur (sans idée de hauteur), 8, 14.

καθάλλομαι : sauter en contre-bas, 8, 1; 5.

ὑπεράλλομαι : faire un saut (en largeur), 8, 4.

ἄλυπος : (ch.) qui ne fatigue pas (le cav.), 3, 12; 7, 11; — voir λυπῶ.

ἀναβαίνω : voir βαίνω.

ἀναβάλλω : voir βάλλω.

ἀνάβασις : action de sauter (ou monter, à ch.), 3, 11; 7, 2; 4; 9, 3.

ἀναβάτης : cavalier (au sens général; s'oppose à l'ἱππεύς), 1, 4; 8; 11; 3, 3; 9; 12; 12; 5, 7; 6, 6; 16; 8, 5; 7; 7; 9, 7; 11, 5; 12, 2; 8; 8; — voir ἱππότης.

ἀναβιβάζω : voir βιβάζω; cf. ἀναβάλλω.

ἀναζωπυρῶ : voir ζωπυρῶ.

ἀνακουφίζω : voir κουφίζω.

ἀνακρούω : voir κρούω.

ἀνακύπτω : voir κύπτω.

ἀναλαμβάνω : voir λαμβάνω.

ἄναντες (τό) : (terrain) en montée, 3, 7.

ἀνάπαυσις : repos (pour le ch.), 4, 2.

ἀναπαύω : voir παύω.

ἀναπεπταμένος : (des naseaux du ch.) ouverts, 1, 10.

ἀναπηδῶ : voir πηδῶ.

ἀναπίπτω : voir πίπτω.

ἀναπνέω : voir πνέω.

ἀναπτύσσω : voir πτύσσω.

ἀναστρέφω : voir στρέφω.

ἀνατείνω : voir τείνω.

ἀνεγείρω : voir ἐγείρω.

ἀνθιππεύω : voir ἱππεύω.

ἀνιῶ : agacer (le ch.), 9, 2; — voir apparat, 7, 1.

ἀνιμῶ : mot douteux : (du cav.) se tirer en l'air, 7, 2; — voir apparat, 7, 1.

ἀνορούω : voir ὀρούω.

ἀντιλαμβάνω : voir λαμβάνω.

ἀντίληψις : prise (donnée au cav. par la crinière), 5, 7.

ἀντίτυπος : (des membres du ch.), qui font des rebonds, 1, 4.

ἄξων : canon ( du mors), 10, 9; 10; 10.

ἀπαλύνω : adoucir (la chair) 4, 5; — lisser (le poil), 5, 5.

ἀπειθής : (ch.) qui n'obéit pas, 3, 6.

ἀπειθῶ : (du ch.) désobéir, 8, 13.

ἀπερείδω : voir ἐρείδω.

ἀποδοκιμάζω : voir δοκιμάζω.

ἀποκάμπτω : voir κάμπτω.

ἀποκείρω : voir κείρω.

ἀπόκροτος : (terrain) dur, 7, 15.

ἀπορρηγνύω : voir ῥηγνύω.

ἀποσοβῶ : voir σοβῶ.

ἀποστρέφω : voir στρέφω.

ἀποστροφή : changement de direction, 9, 6.

ἀποτρίβω : voir τρίβω.

ἀποχαλινῶ : voir χαλινός et χαλινῶ.

ἀποχωρῶ : voir χωρῶ.

ἄπταιστος : (ch.) non sujet à broncher, 1, 6.

ἀπωθῶ : voir ὠθῶ.

ἄριστον : premier repas (du ch.), 4, 4.

ἀρρωστῶ : (du cav.) être indisposé, 6, 12.

ἀρρωστία : indisposition (du ch.), 4, 2.

ἄρχομαι : (du ch.) partir (ἀπό, ἐκ, d'un pied), 7, 11; 11; 12; — (d'une allure) 7, 10; 9, 3; cf. 7, 12; — les autres emplois ne sont pas techniques.

ἀσθενής : (du ch.) faible, 1, 12; — non technique en 7, 9; 12, 12.

ἀσκῶ : former (les pieds du ch.) 4, 3.

ἄσκησις : exercice (du ch.) 8, 10.

ἀστράγαλος : jarret (du ch.), 1, 15; 11, 3; 4; le sens est plus général que celui d'*astragale*; dans la pensée de Xén. le jarret (postérieurs) correspond au genou (antérieurs).

αὔξω : (des jambes du ch.; des crins) s'allonger, 1, 16; 5, 7.
συναύξω : (du corps du ch.) grandir avec ensemble, 1, 16.

αὐχήν : encolure (λαγαρός, flexible; ὀρθός, redressée; προπετής, tombante) 1, 8; 10, 3; 4; 12; 12, 2; 2; — voir τράχηλος, ὑψηλαυχενία.

ἀφηγοῦμαι : voir ἡγοῦμαι.

ἀφίημι : voir ἵημι.

ἀχαλίνωτος : non bridé, 5, 3.

ἄχρηστος : (ch.) qui ne rend aucun service, 3, 6; 6, 10.

βάδην : au pas, 7, 10; 10, 14; 11, 11.

βαδίζω : (du ch.) marcher (au pas), 1, 6; 4, 5.

βαίνω : (des sabots du ch.) faire porter (sur le sol), 1, 3.

ἀναβαίνω : sauter — ou monter — (à ch.); au passif, se dit du cheval qui est monté, 1, 1; 3, 4; 6, 6; 16; 7, 1; 1; 1; 2; 4; 8, 5; 9, 3; 3; — au fig. 1, 4; — voir apparat 7, 11 (ἐμβαίνω?); — voir ἀνάβασις et le calembour de 1, 3.

διαβαίνω : (du cav. à ch.) écarter les jambes, 7, 5; — voir 1, 14.

καταβαίνω : mettre pied à terre, 7, 19; 19; 11, 7.

προβαίνω : (du ch.) avancer 11, 11.

προδιαβαίνω : (du cav.) passer le premier (un fossé), 8, 3.

ὑπερβαίνω : (du ch.) passer (un obstacle), 3, 7; — (du cav.) passer (la jambe sur le côté du ch., lors de la mise en selle) 7, 2.

βακτηρία : badine 11, 4; — voir ῥάβδος.

(βάλλω).

ἐμβάλλω : voir χαλινός; — autres sens, 3, 9; 8, 4.

καταβάλλω : (du cav.) faire tomber (un autre cav.), 8, 11; au passif : sauter à terre, 8, 3 (voir apparat); — voir καταβλητικός — non technique 4, 4.

μεταβάλλω : (du ch.) se transformer (avec l'âge) 1, 17; — au moy. : (du cav.) retourner (sa lance) 8, 10; μεταβάλλεσθαι τὴν ἱππασίαν : voir ἱππασία.

παραβάλλω : mettre (des ch.) côte à côte, 9, 8.

περιβάλλω : voir ἡνία.

προβάλλω, au moyen : (du ch.) jeter en avant (le poitrail), 10, 15; — (du cav.) avancer (le côté) 12, 13.

βαρύνω, au passif : (du ch.) être alourdi (par le terrain et par la main) 8, 8.

βία : voir ἄγω et βιάζομαι.

βιάζομαι : (du cav.) user de force (envers le ch.) 9, 5; — (du ch.) prendre la main, 1, 8; 8; — voir ἄγω.

(βιβάζω).

ἀναβιβάζω : mettre (un cav.) en selle, 6, 12; cf. *Cyrop.* 4, 5, 50.

ὑποβιβάζω, au moy. : (du ch.) se baisser, 6, 16.

βλακεία : mollesse (du ch.), 3, 12.

βλακώδης : (ch.) mou, lymphatique, 9, 1.

βλάξ : (ch.) mou, 9, 12.

βλάπτω : blesser, endommager (un ch.) 5, 5; 9; — non technique dans ses cinq autres emplois.

(βουλεύω).

ἐπιβουλεύω : (du ch.) avoir de mauvaises intentions, 5, 3.

βράδος : cadence lente (du ch.) 11, 12; — voir τάχος.

βραδύς : voir apparat, conjecture de Brodeau, 9, 3.

βραχύς : (qualité du rein) court, 1, 12; 11, 2; (d'une reprise) brève, 8, 9; (de foulées) courtes, 9, 3; 11, 11; ἐν βραχεῖ, par opposition à εἰς τάχος (du ch. qui s'arrête) court, 3, 5; — en 7, 18, le ms. K écrit ὡς ἐν βραχυτάτῳ contre ὡς ἐγγυτάτω des autres; — autres sens, non techniques : en 8, 14; 12, 13.

βρέξις : mouillage (de membres du ch.) 5, 9.

βρέχω : mouiller (le ch., au pansage) 5, 6.

γαστήρ : estomac, ventre (du ch.; correspond au « passage des sangles », par opp. au ventre proprement dit, κενεών) 1, 12; 5, 9; 9; 11, 3.

γαυριῶμαι : (du ch.) prendre un air superbe, 10, 16.

γίγγλυμος : jointure (de la cuirasse) 12, 6.

γλουτός : fesse (du cav.) 7, 2.

γλῶττα : langue (du ch.) 10, 9.

γνάθος : barres, 1, 9; 9; 3, 5 (ἄδικος, barres faussées); 6, 8; 9; 7, 13; 13; 10, 8; 9; 9; — voir ἑτερόγναθος.

γνώμων : dent (incisive) de lait (du ch.), 3, 1.

γόνυ : genou (du ch.) 1, 6; 6; 6, 1; — (du cav.) 7, 2; 6.

γοργός : (ch.) fougueux, 1, 10; 14; 10, 5; 17; 11, 12.

γοργοῦμαι : (du ch.) avoir l'air fougueux, 10, 4.

γραμμή : sillon intermusculaire (entre la cuisse et la jambe du ch.) 1, 14.

γυμνάσιον : travail de manège, 7, 18; au plur. : exercices d'assouplissement, 4, 3.

δάκνω : (du ch.) mordre, 5, 3.

συνδάκνω τὸ στόμιον : prendre le mors aux dents, 6, 9.

δακτύλιος : anneau (du mors) 10, 9.

(δείκνυμι).

ἐπιδείκνυμι, au moy. : (du ch.) déployer (de belles allures), faire parade, 11, 6; 9; — voir ἐπίδειξις.

δεῖπνον : second repas (du ch., le soir) 4, 4.

δέρμα : peau, 1, 5; désigne en réalité le tendon du ch.

δεσμεύω : attacher (le ch.) 5, 4.

δεσμόν, au plur : lien (du ch.) 5, 4 (τὰ δ. διασπῶ, relâcher le lien).

δέχομαι : (du ch.) accepter (le cav. sur le dos) 3, 3; accepter (le mors) 3, 2; 6, 8; 8; 8; 10; 10; 8, 14; — (d'une pièce de l'armure) couvrir (le visage du cav.) 12, 2 — autre sens 7, 9; — voir χαλινός.

παραδέχομαι : recevoir (le ch. de la main du piqueur) 7, 1.

δέω, au passif : (du ch.) être attaché, 5, 4.

μεταδέω : détacher (le ch.) 4, 4.

διαίρω : voir αἴρω.

διαναπαύω : voir παύω.

διαπηδῶ : voir πηδῶ.

διασπῶ : voir δεσμός.

διατρέχω : voir τρέχω.

διατροχάζω : voir τροχάζω.

διαφθείρω : voir φθείρω.

διαχαλῶ : voir χαλῶ.

δίδωμι : (des dieux) donner (une partie du corps au ch.) 5, 6; 6; 8; cf. 8, 13; — δ. τὸν χαλινόν : voir χαλινός.

ἐκδίδωμι : donner (le poulain à dresser) 2, 2; 2; 3.

παραδίδωμι : (du piqueur) amener (le ch. au cav.) 6, 16; — non tech. 1, 1.

δίνευμα : pirouette (du ch.) 3, 11.

δινεύω : voir apparat 10, 2.

διψῶ : (du ch.) avoir soif, 2, 3.

διώκω : (du cav.) poursuivre, prendre en chasse (l'ennemi) 7, 17; 8, 10; — (du ch.) poursuivre (de la langue les anneaux du mors) 10. 9.

δοκιμάζω : faire l'examen (du ch.) 1, 1; 3; 17; 17; — sens moins technique 3, 7.

ἀποδοκιμάζω : refuser (un ch.) 3, 8; — voir C. C.

δόρυ : lance, 7, 3; 8; 9; 8, 10; 10; 10; 12, 12; καμάκινον, à long fût, 12, 12; ἀπὸ δ. ἀναπηδῶ, sauter (à ch.) en s'aidant de la lance, 7, 1.

δρόμος : course, 1, 13 : κοῦφος πρὸς τὸν δ., (parties du corps du ch.) légères pour la course.

δυσγάργαλος : (ch.) chatouilleux, 3, 10.

δύσκολος : (ch.) difficile, 5, 1; — (chose) désagréable (au ch.) 5, 4.

δύσφορος : (ch.) lourd, 1, 12; — (de la lance) peu maniable, 12, 12.

(δύω).

ὑποδύω : (du ch.) subir (des efforts) 3, 11; couver (une maladie) 4, 2; s'échapper (sous le cav.) 8, 7.

ἐγείρω : exciter, éveiller (le ch.) 3, 6; 9, 10; 10; 10, 15; — voir ἐγρηγορός.

ἀνεγείρω : exciter (le ch.) 9, 6.

ἐξεγείρω : réveiller (le ch.) 11, 12.

ἐγκάθημαι : voir ἧμαι.

ἐγκάμπτω : voir κάμπτω.

ἐγρηγορός : (du ch. qui a l'air) vif, 1, 9.

ἕδρα : dos (du ch., siège du cav.) 5, 5; 12, 9; — assiette, position assise (du cav.) 1, 11; 7, 5; — voir ῥάχις.

(ἕζομαι).

καθέζομαι : être en selle, être à ch., 7, 5, 8.

ἐθελουργός : (ch.) plein d'allant, 10, 17.

εἶδος : extérieur (du ch.) 1, 17.

εἶμι suivi de ἐπί ou de εἰς : (du ch.) aller à, 4, 4; aller (dans le sens de « se mettre à ») 11, 7.

πρόειμι : (du ch.) aller en avant, 6, 5; passer (aux allures rapides) 10, 13; sens autre en 1, 6; 16.

(εἴκω).

ὑπείκω : (de la jambe du cav.) céder (à un choc) 7, 6.

(εἰλέω).

κατειλῶ : resserrer (les montants de bride) 10, 7.

ἐκδίδωμι; voir δίδωμι.

ἐκκομίζω : voir κομίζω.

ἐκνεύω : voir νεύω.

ἐκπηδῶ : voir πηδῶ.

ἐκπλήττω : voir πλήττω.

ἐκτείνω : voir τείνω.

ἐκτυφλῶ : voir τυφλῶ et apparat, 10, 2.

ἐκφέρω : voir φέρω.

ἐκφεύγω : voir φεύγω.

ἐκφορά : occasion d'emmener (le cav.) 3, 5; — voir ἐκφέρω.

ἔλασις : impulsion (à donner au ch.) 3, 12; temps de galop, 9, 6; cf. le suiv.

ἐλαύνω : A) transitif : pousser (le ch.) 3, 7; 8, 10; au passif : 8, 6; B) moyen : (du cav.) aller (à ch.) 9, 7; — (du ch.) marcher, s'avancer, 1, 4; 5; 11, 7; cf. apparat, 8, 11. — N. B. L'emploi intransitif du verbe, dans le sens d'« aller à ch. » ne se rencontre pas dans l'*Art. éq.* si, ce qui ne s'impose pas, l'on refuse, en 8, 10, la leçon des mss. ἵππον.

ἐπελαύνω : pousser (le ch.) contre, 8, 11.

ἐλευθέριος : (ch.) racé, 10, 17.

ἕλκος : blessure (à vif), écorchure (du ch.) 5, 1.

ἑλκῶ : (du ch.) avoir des plaies, 1, 4; 5, 1.

ἕλκω : tirer (le cav.) 7, 7; 8, 11; 11; 11; 11; tirer (sur la bouche du ch.) 10, 1; 2.

ἐλλείπω : voir λείπω.

ἐμβάλλω : voir βάλλω et χαλινός.

ἔμπροσθεν (τά) : les (membres) antérieurs, 1, 15; — voir le suiv. et πρόσθεν.

ἐμπρόσθια (τά) : les (membres) antérieurs, 11, 2.

ἐντείνω : voir τείνω.

ἐξάγω : voir ἄγω.

ἐξάλλομαι : voir ἅλλομαι.

ἐξεγείρω : voir ἐγείρω.

ἐξικνοῦμαι : voir ἱκνοῦμαι.

ἐξοργίζω : voir ὀργίζω.

ἐξόφθαλμος : (ch.) qui a l'œil saillant, à fleur de tête, 1, 9.

ἐπάγω : voir ἄγω.

ἐπελαύνω : voir ἐλαύνω.

ἐπιβουλεύω : voir βουλεύω.

ἐπιδείκνυμι : voir δείκνυμι et le suiv.

ἐπίδειξις : équitation de parade, 11, 13.

ἐπικύπτω : voir κύπτω.

ἐπιραβδοφορῶ : voir ῥαβδοφορῶ.

ἐπισκέλισις : passage (du ch.) au galop, 7, 12.

ἐπιφατνίδιος : 5, 1 : voir φορβειά.

ἕπομαι : (du ch. monté) marcher derrière, suivre, 11, 10; 11.

συμπαρέπομαι : (des bruits du ch. et des cav. de l'escadron) accompagner (le chef d'escadron) 11, 12; 12.

ἔποχος : (cav.) qui a de l'assiette, 8, 10; cf. *Cyrop.*, 1, 4, 4; — τὸ ἔποχον : matelassure (de la selle) 12, 9.

(ἐρείδω).

ἀπερείδω, au moy. : s'appuyer (sur le mors) 10, 7; cf. *Chasse*, 5, 32.

ἑτερόγναθος : (ch.) qui a les barres inégalement sensibles, 1, 9; 3, 5; 6, 9; — voir γνάθος.

εὐαίσθητος : (ch.) qui a perdu la sensibilité (de la bouche) 6, 9.

εὐαπάλλακτος : (ch.) facile à revendre, 3, 1.

εὔεδρος : (ch.) agréable pour l'assiette, 1, 12.

εὐθύ (τό) : la ligne droite, 7, 14; 17.

εὔθυμος (ch.) ardent, 11, 12; — voir θυμός, θυμοειδής.

εὐκάρδιος : (ch.) qui a du cœur, 6, 14.

εὐμεγέθης : (ch.) de bonne taille, 1, 17; — (des rondelles du mors) même sens, 10, 6.

εὔπνοος : voir μυκτήρ.

εὐποδία : bonté du pied (du ch.) 1, 3; — voir πούς et le suivant.

εὔπους : (ch.) doté de bons pieds, 1, 3; 17; 3, 12; — voir πούς.

εὐρύνω : voir μυκτήρ.

εὔρωστος : (corps du ch.) vigoureux 11, 1 ; — voir apparat.

εὔσαρκος : (du ch. ; de ses hanches) charnu ; bien en chair, 1, 13 ; 17.

εὐσταλής : (du cav. à ch.) à l'aise, 7, 8.

εὐσχήμων : (ch.) qui a de l'allure, 1, 17 ; 11, 12.

εὔχιλος : (ch.) aisé à nourrir, 1, 12 ; cf. Arist., *De part. anim.*, 675 b 15.

εὐχρόαστος : (ch.) doté d'une belle robe, 1, 17 ; — voir apparat.

ἐφίππιον : selle, 7, 5 ; 12, 8.

ἐφίστημι : voir ἵστημι.

ἐχῖνος : hérisson (du mors) 10, 6 ; — voir ὀξύς.

ἐχυρός : voir ἱππών.

(ἕψω).

καθέψω : réduire (un ch.) 9, 6.

(ζωπυρῶ).

ἀναζωπυρῶ, au passif : (du ch.) être surexcité, 10, 16.

ἡγοῦμαι : (du cav.) emmener (des ch.), être en tête, 11, 12 ; 12.

ἀφηγοῦμαι + datif : (du ch.) mettre en avant (un pied) 7, 12.

ὑφηγοῦμαι : (du ch.) être conduit (en main) 6, 5 ; — voir ἄγω.

ἡλικία : âge (du ch.) 3, 1.

(ἧμαι).

ἐγκάθημαι : (du cav.) être assis (sur le ch.) 1, 11.

κάθημαι : être à ch., en selle, avoir de l'assiette, 9, 9 ; 12, 9 ; — voir *Cyrop.*, 4, 5, 54.

ἡμίονος : mulet, 5, 6.

ἡνία : rêne A) au sing. : (mener le ch. en main, ἄγειν, par) une (seule) rêne, 6, 9 ; cf. apparat ; B) au plur. : τὰς ἡ-περιβάλλειν, passer les rênes par-dessus (l'encolure) 6,7 ; καθιέναι, (les) poser (sur le garrot) 6, 7 ; λαμβάνειν, (les) prendre (dans la main) 7, 1; ἰσοῦσθαι, (les) ajuster, 7, 8; ἡ- ἴσαι, rênes égales, ajustées, 7, 9; 12, 5.

ἡνιοχῶ : tenir les rênes (la main haute, ou basse) 7, 10.

ἠρεμίζω : mettre (le ch.) au calme, 7, 18; cf. ἠρεμαίως, 9, 5.

ἠρεμῶ : calmer (le ch.), rester calme, 7, 8; 9, 3; 5; 9.

θαρρῶ : (du ch.) être en confiance, 10, 13; — sens général, 1, 17.

θᾶττον : voir ταχύς.

θεραπεία : soins (au ch. malade) 4, 2.

θεραπεύω : soigner (la fourchette du sabot) 6, 2.

θέω : galoper, 10, 14; 14; 14 (ταχύ); — voir ἐπιραβδοφορῶ.

συνθέω : (des parties du mors) se fermer, 10, 11.

θῆλυς, au fém. : jument, 10, 4.

θρίξ : poil (du ch.) 5, 5; 5; 5; crins, 5, 6; 6; 7; 7, 1; ἀναστήσας τὴν τρίχα, à rebrousse-poil, 5, 5 (voir apparat).

θυμοειδής : (ch.) nerveux, 1, 8; 9, 1; 2; 4; 5; 6; 7; 8; 8; 12; 12; 10, 17; cf. *Anab.*, 4, 5, 36; *Banq.*, 2, 10.

θυμός : nervosité (du ch.) 9, 2.

θυμοῦμαι : (du ch.) s'énerver, 1, 10.

θωπεία : caresse (au ch.) 3, 12.

θωπεύω : flatter (le ch.) 10, 13.

θώραξ : cuirasse (du cav.) 12, 1; 2; 3; 3; 6; 7; τὸ διαλεῖπον τοῦ θώρακος, le défaut de la cuirasse, 12, 5.

ἰδιώτης : amateur (du ch., par opp. au spécialiste) 2, 5; 12, 14; — voir *C. C.*, lexique et 8, 1.

ἰδρώς : suée blanche (du ch., et non écume; c'est la sécrétion due à sa nervosité, à sa fatigue, qui, écrit Jacoulet, N.E., p. 8, « mousse à l'air comme du savon ») 11, 7.

(ἵζω).

καθίζω : (du cav.) se placer, s'asseoir, 6, 2; 12, 3.

ἵημι, au moy. : (du cav.) s'élancer (πρός, sur) 8, 8.

ἀφίημι : lancer (le ch.) 3, 5; lancer (le javelot) 12, 13; lâcher (le mors), cf. χαλινός.

καθίημι : (du palefrenier) poser (les rênes sur le garrot) 6, 7 (voir apparat); — au moy. : (du mors) descendre (dans le bas de la bouche) 6, 9.

προίημι, au moy. : (du ch.) accepter (un travail) 3, 3; 3.

προσίημι : (du palefrenier) aborder, approcher (un ch.), s'avancer (près d'un ch.) 6, 3; 3; 7; — au moy. : (du ch.) avancer, 6, 14.

(ἱκνοῦμαι).

ἐξικνοῦμαι : (du ch.) atteindre (de la queue, pour chasser les mouches) 5, 7.

ἱππάζομαι : faire du ch., monter à ch., 2, 1; 10, 1; 15; — (du ch.) sens passif : être monté, 3, 1; travailler, 11, 7 (voir apparat, 10, 13).

ἵππαρχος : hipparque; — voir *C. C.*, *passim*.

ἱππαρχῶ : être commandant de la cavalerie, 11, 10.

ἱππασία : travail (du cav.) à ch.; reprise; travail, exercice (du ch.) 1, 10; 14; 3, 5; 7, 13; 13; 8, 9; 9; 10, 2; 5; 15; 11, 13; carrière (où travaille le ch.) 3, 4 (au plur.); 6, 11; 7, 19; allure (du ch.) 10, 13; μεταβάλλεσθαι τὴν ἱππ- travailler (successivement) aux deux mains, 3, 5; 7, 13.

ἱππαστής : (épithète donnée au ch.) vrai coursier, 10, 17.

ἱππεύς : cavalier (mobilisé, sous les armes, par opp. à l'ἀναβάτης) 6, 16; 7, 1; 3; 8; (voir apparat 8, 10) 9, 1; 12, 5; 9; 9; 11.

ἱππεύω : (du cav.) pratiquer l'équitation, 1, 1; 2, 1; — (du ch.) travailler, 1, 6; 3, 4; 11; 10, 3.

ἀνθιππεύω : (de cavaliers) combattre à ch. (contre d'autres cav.) 8, 12.

ἱππικός : spécialiste du ch., homme de ch., 1, 1; 5, 1 (ἀνήρ); — ἡ ἱππική, art équestre, équitation; titre; 1, 1; 1; 2, 1; 7, 1; 8, 10; 14; 11, 13.

ἱπποκόμος : piqueur, palefrenier, 2, 3; 5; 4, 4; 5, 1; 2; 3; 6, 7; 9; 10; 12; 16; — voir 6, 3, ὁ περὶ τὸν ἵππον, l'homme chargé de l'entretien du ch.

ἵππος : cheval, *passim*.

ἱππότης : (mot poétique) cavalier, 8, 10.

ἱππώδης : caractéristique (adj.) du ch., 1, 11.

ἱππών : stalle (sens plus restreint que σταθμός) 4, 1; 2; cf. *Cyrop.*, 8, 6, 17.

ἱππωνία : achat de ch. 1, 1; 3, 1.

ἱππωνῶ : acheter des ch., 11, 13.

ἰσάζομαι : (des barres du ch.) devenir égales, 7, 13; — voir ἑτερόγναθος.

ἴσος : voir ἡνία.

ἰσοῦμαι : voir ἡνία.

ἵστημι : (du ch.) être arrêté, 3, 4; 4, 4; 7, 18.

ἐφίστημι : même sens, 4, 3.

ἰσχίον, au plur. : (du ch.) croupe, hanches (Xén. ne distingue pas les deux régions) 1, 13; 11, 2; — (du cav.) hanches, 7, 7.

ἰσχυρός : (ch. )puissant, 1, 12; 11, 2; — (de bras, avant-bras, aplombs, rein du ch.) puissants, 1, 7; 14; 11, 2; — (assiette du cav.) sûre, 1, 11; — non technique 8, 4; 12, 12; — voir πούς.

ἰσχύς : puissance (du ch.) 1, 7.

ἰσχύω : (du corps du ch.) prendre de la puissance, 4, 3.

καθαίρω : panser (le ch.) 5, 5; 6; 6, 1; 2; 2; le verbe est synonyme de ψήχω (voir apparat 12, 6).

καθάλλομαι : voir ἅλλομαι.

καθαρός : (ch.) nettoyé, pansé, 5, 5; 9.

κάθαρσις : pansage, 5, 5; 9.

καθέζομαι : voir ἕζομαι.

καθέψω : voir ἕψω.

κάθημαι : voir ἧμαι.

καθίζω : voir ἵζω.

καθίημι : voir ἵημι.

κακόπους : (ch.) doté de mauvais pieds, 1, 2.

κακός : (ch.) vicieux, 3, 8; — non techn., 3, 4.

κακουργῶ : (du ch.) être dangereux, faire du mal, 6, 5; 6.

καλίστρα : voir κυλίστρα.

κάλλος : beauté (du ch.) 1, 7.

καλλωπίζω, au moy. : (du ch.) faire le beau, 10, 5; cf. *Cyrop.*, 7, 4, 14; 8, 8, 18.

καλλωπισμός : attitude du ch. qui fait le beau, 10, 16.

καμάκινος : (de la lance du cav.) à longue hampe, 12, 12.

κάμπτω, tr. et intr. : (du ch.) plier (les genoux) 1, 6; 6; se courber, 7, 15; (des brisures des canons du mors) plier, 10, 10.

ἀποκάμπτω : (du ch.) ployer (le corps) 7, 14.

ἐγκάμπτω : fléchir (l'encolure) 1, 8; s'oppose à ἐκτείνω; — voir τράχηλος.

συγκάμπτω : (du cav.) plier (la jambe) 7, 2; (du gantelet) se rentrer en pliant, 12, 5; s'oppose à ἐκτείνω; — voir συγκαμπή.

καρτερύνω : durcir (les pieds du ch.) 4, 4.

καταβάλλω : voir βάλλω.

καταβλητικός : de nature à faire tomber (le cav.) 8, 11.

κατακηρῶ : voir κηρῶ.

κάταντες (τό) : descente, 8, 6; 6; 8.

καταπηδῶ : voir πηδῶ.

καταπίπτω : voir πίπτω.

καταπλύνω : voir πλύνω.

κατάπλυσις : lavage (du ch.) 5, 9.

κατατείνω : voir τείνω.

κατειλῶ : voir εἰλέω.

κάτω (τά) : les parties basses (du ch.) 5, 5.

κάτωθεν (τά) : l'arrière-main (du ch.) 1, 15.

κεῖμαι : (du cav. et du ch.) être par terre, 7, 16.

περίκειμαι : (de la muselière) être mis autour (de la bouche du ch.) 5, 3.

(κείρω).

ἀποκείρω : couper (la crinière) 5, 8.

κεκρύφαλος : frontal, 6, 8.

κενεών : ventre (du ch., au sens précis du mot, par opp. à γαστήρ) 1, 12; 11, 2; 12, 8.

κεντρίζω : donner de l'aiguillon, 11, 6.

κεφαλή : tête (du ch.) 1, 8; 8; 11; 5, 1; 4; 5; 6; 10, 3; 4.

κημός : muselière, 5, 3; 3.

κημῶ : mettre la muselière, 5, 3.

(κηρῶ).

κατακηρῶ : voir apparat 10, 7.

(κινῶ).

προκινῶ : (du cav.) porter en avant (le ch.) 9, 3.

κλῶ, au pass. : (de la jambe du cav.) se briser, 7, 6.

προσκλῶ : voir apparat 7, 6.

κλωγμός : appel de langue, 9, 10; 10; 10.

κνήμη : jambe (du cav.) 7, 2; 6; 6; 12, 10; 10; jambe (du ch.), 1, 16; 16 (ὑψηλή, longue), au sens général du mot, synonyme de σκέλος : voir ce mot; canon, 1, 5; 15. Dans son sens précis, le mot désigne le canon, par opp. à μηρός, qui signifie « avant-bras pour les antérieurs, « jambe » pour les postérieurs; — voir ce mot.

κνῶ : (du ch.) se frotter, 5, 1.

κοιλόφθαλμος : (ch.) qui a l'œil enfoncé, 1, 9.

κολάζω : châtier (le ch.) 8, 13.

(κομίζω).

ἐκκομίζω : (du ch.) éparpiller (le grain) 4, 2.

κομῶ : avoir la crinière longue, 5, 8.

κόνις : crasse (du ch.) 5, 5; — voir la note.

κόπος : surmenage (du ch.) 4, 2.

κόπρος : le mot désigne à la fois le « crottin » et le « fumier », 5, 2.

κόπτω : secouer (le cav.) 1, 4; 8, 7.

προσκόπτω : (de la jambe du cav.) heurter, 7, 6.

κορυφαία : têtière, 3, 2; 5, 1; 6, 7.

κορυφή : nuque (du ch.) 1, 8; 11.

(κουφίζω).

ἀνακουφίζω : (du cav.) s'enlever (pour sauter à ch.) 7, 2.

κοῦφος : voir δρόμος.

κραναίνος : voir παλτόν.

κράνος : casque (du cav.) 12, 3.

κράτος : ἀνὰ κ. ἐλαύνειν : pousser (le ch.) de toutes ses forces, 8, 10; ἀνὰ κ. ἐπικεῖσθαι : (du cav.) presser de toutes ses forces (l'adversaire) 8, 12.

κριθίασις : fourbure (du ch.) 4, 2 (voir la note).

κρατερύνω : voir 4, 4, apparat.

κρισσός : varice (du ch.), c'est-à-dire « tare molle », 1, 5 (voir la note).

κρούω : frapper (le ch.) 11, 4.

ἀνακρούω : tendre les rênes, 10, 12; 12; 11, 3.

κτύπος : battue (bruit des pieds du ch. qui se posent) 11, 12.

κτδρός : attitude de haute-école, 10, 15; 16; cf. *Iliade*, 6, 509 = 15, 266.

κυλίστρα : bain de sable (pour le ch.) 5, 3 (voir l'apparat).

κυνήποδες (οἱ) : boulets (du ch.) 1, 4; 4; 15.

κυνόδους : crochet (dent du ch. mâle) 6, 8.

(κύπτω).

ἐπικύπτω : (du cav.) se pencher, 12, 3.

κυρτῶ : fléchir (l'encolure) 10, 3; 4; cf. *Mém.*, 3, 10, 15; *Cyrop.*, 7, 5, 11.

κυφαγωγός : qui a l'encolure tombante, 7, 10.

λαγαρός : voir αὐχήν.

λαμβάνω : (du cav.) prendre (les rênes, la longe, la lance, dans la main) 7, 1; 1; 1; 8; 8. 3; — (du ch.) accepter (le mors); — voir χαλινός; — non techn. 3, 7; 7; 7; 10, 8.

ἀναλαμβάνω : (du ch.) saisir (le mors) 10, 9; — voir χαλινός — au moy. : (du ch.) s'arrêter, 3, 5; 8, 7.

ἀντιλαμβάνω, au moy. : retenir, soutenir (avec le mors) 8, 8; 10, 15.

ἐπιλαμβάνω : suivi du gén., saisir (la crinière) 8, 8; — suivi de l'inf. : empêcher (le ch.) de..., 9, 8.

μεταλαμβάνω : voir χαλινός.

παραλαμβάνω : recevoir (un ch.) 11, 13.

ὑπολαμβάνω : soutenir (le ch. dans les voltes) 7, 15; 16; arrêter (le ch.) 9, 5.

λαμπρός : (ch.) brillant, 11, 1; 6; 10; 11.

λαμπρότης : attitude brillante (du ch.) 11, 9.

λαμπρύνω : faire briller, au fig. (le ch.) 10, 1.

λάσιος : (du corps du ch.) poilu, 2, 4.

λεῖος, λειότης : voir χαλινός.

λείπω : non technique, 12, 12.

ἐλλείπω : (du ch.) laisser traîner (les postérieurs) 8, 5 (voir apparat); — non technique 3, 8.

λεπτός : voir ὄνυξ.

λίθος : pierre (pour le sol des écuries, etc.) 1, 4; 4, 3; 4; 5; cf. λιθώδης, 4, 4.

λόγχη : javelot (synonyme d'ἀκόντιον) 12, 13; 13.

λυμαίνομαι : gâter (les sabots) 4, 3.

λυπῶ : agacer (le ch.) 2, 4; 5, 6; 9; 9, 3; 10, 15; τὰ λυποῦντα : insectes qui harcèlent (le ch.), c'est-à-dire « moucherons », 2, 3; 5, 6; 7; 9; — se dit ailleurs de la cavalerie qui harcèle l'ennemi.

μαλακός : (du pied du ch.; du terrain) mou, 1, 3; 8, 6; — (du dos du ch., siège du cav.) doux, 1, 11; — (des barres) sensibles, 1, 9; — (de la bouche du ch.) tendre, 4, 5.

μαστιγῶ : donner de la cravache, 10, 1; 11, 6.

μάστιξ : fouet, 8, 4.

μάχαιρα : sabre (du cav.) 12, 11.

μεγαλοπρεπής : (ch.) magnifique, 10, 1; 5; — (cav.) qui a grand air, 11, 8; cf. Plat. *Prot.*, 338 a.

μεγαλόφρων : (caractère du ch.) généreux, 11, 1.

μέγεθος : taille (du ch.) 1, 16; 16; cf. 4, 3.

μελέτη : pratique (de l'équitation) 8, 10.

μελέτημα (πρὸς τὸν πόλεμον) : service en campagne, 11, 13; — τὰ μελετήματα: exercices, 12, 14.

μελετῶ : (du cav.), suivi de l'inf., s'exercer, 2, 1; 6, 16; 7, 3; — (du ch.) s'exercer, 3, 8; 7, 14; — (du cav.) exercer (le ch.) 7, 17; — (du cav. et du ch.) pratiquer des exercices, 8, 1.

μένω : non techn., 10. 9.

ὑπομένω : (de la jument) se laisser approcher (pour la monte) 5, 8.

μεταβάλλω : voir βάλλω.

μεταδέω : voir δέω.

μεταλαμβάνω : voir χαλινός.

μετεωρίζω : (du ch.) enlever (les membres) 10, 4; μ. ἑαυτόν (du ch.) s'enlever, 11, 7; 7; 9.

μετέωρος : (ch.) qui s'enlève, 11 ,1.

μηριαία : cuisse (du ch.) 11, 4.

μηρός : cuisse (de dessous les épaules, c'est-à-dire « bras » + « avant-bras ») 1, 7; cuisse (de dessous la queue, c'est-à-dire « cuisse » proprement dite + « jambe », 1, 14; cuisse (du cav.) 7, 5; 6; 12, 13.

μυκτήρ : naseau (εὔπνους, bon pour le souffle) 1, 10; τοὺς μ. εὐρύνειν, dilater les naseaux, 1, 10.

μυωπίζω : piquer (de l'éperon) 10, 1; 2; — au pass. : (du ch.) être piqué (par les mouches) 2, 3; 4, 5.

μύωψ : éperon, 8, 5; 5.

νεότης : jeune âge (du ch.) 3, 2.

νεῦμα : voir apparat 3, 11.

(νεύω).

ἐκνεύω : (du ch.) donner un coup de tête vers le haut, 5, 4; 4; battre à la main, 10, 12.

προνεύω : (du cav.) se pencher en avant, 8, 7.

νῶτος : dos (du ch.) 3, 3; — voir ῥάχις, ἕδρα.

ξίφος : épée (du cav.) 12, 11; 11.

ὀδούς : dent (du ch.) 6, 8; 10, 9.

ὀκλάζω : (du ch.) fléchir (les membres) 11, 3.

ὀλισθηρός : (terrain; rênes) glissant, 7, 9; 15.

ὄμμα : œil (du cav.; du ch.) 1, 8; 5, 6; — voir aussi 11, 9, et ὀφθαλμός.

ὀνοβατῶ : élever des mulets, 5, 8.

ὄνος : âne, 5, 6; 8.

ὄνυξ : corne (du sabot; παχύς, épaisse; λεπτός, mince) 1, 3.

ὀξύς : (ch.) rapide 1, 13; — (hérisson du mors) aigu, 10, 6; — voir ἐχῖνος.

ὄπισθεν (τά) : les (membres) postérieurs, 1, 12; 8, 5; τὰ ὄ. σκέλη, même sens, 1, 14; 6, 2; ἡ ὄ. ἀγωγή, conduite du ch. en main par derrière soi, 6, 4; — non techn. 1, 3; 7, 2; 8, 4; 10; 12, 12.

ὀπίσθια (τά) : les (membres) postérieurs, 11, 2; 3.

ὁπλή : sabot (du ch.; ὑψηλή, haut; ταπεινή, bas) 1, 3; 3; (κοίλη, creux) 4; 15; 4, 3 (εὐφυής, bien conformé); 3; 5; 5; 5, 9; 6, 1; 2.

(ὀπτεύω).

ὑποπτεύω : (du ch.) se défier de, 6, 14; 15.

ὄργανον : instrument (de pansage) 5, 5; 5.

ὀργή : colère (du cav.) 6, 13; cf. 9, 2; — (du ch.) 9. 7.

ὀργίζω : au moy. : (du ch.) se mettre (ou être) en colère, 1, 10; 10, 15; voir apparat 2, 3; — autre emploi, 9, 2.

ἐξοργίζω : irriter (le ch.) 9, 2.

ὄρθιος : τὸ ὄρθιον, τὰ ὄρθια, montée, 8, 1; 6.

ὀρθοδρομῶ : (du ch.)courir droit, 7, 14.

ὀρθός : (de la jambe du ch.) droite, 1, 4; — (encolure) qui se redresse, 1, 8; — (de la position du cav. à ch.) debout, 7, 5; 5; — non techn., 1, 1; 9, 1.

ὁρμητήρια (τά) : aides, 10, 15; les sens des deux mots, grec et français, ne se recouvrent pas exactement : le mot grec semble se limiter aux moyens dont le cavalier dispose pour porter le ch. dans le mouvement en avant, en excluant l'action de la main; le mot français comprend l'action de la main parmi les aides.

ὁρμῶ : lancer (le ch.) 7, 17; 18; 18; — (du ch.) s'élancer, partir (à une allure supérieure), 8, 7; 9, 8; 10, 15; — au moy. : (du ch.) s'élancer, partir (à une allure supérieure) 9, 5; 10, 15.

(ὀρούω).

ἀνορούω : (du cav.) sauter en contre-haut, 3, 7; 8, 5.

ὄρχις : testicules (du ch.) 1, 15.

ὁρῶ : (du cav.) voir, 1, 8; 12, 3; — (du ch.) voir, avoir un champ visuel, 1, 9; 5, 6; 8, 4; — (du javelot) être pointé, 12, 13; — non techn., 1, 11; 3, 2; 2; 4, 1; 6, 2; 10, 17; 11, 3; 9.

προορῶ : (du ch.) voir devant soi, 10, 2.

ὀστοῦν : os (du ch.) 1, 4; 4; 5,

ὀστώδης : (tête du ch.) osseuse, 1, 8; 5, 6.

ὀσφῦς : rein (du ch.) 1, 12; 11, 2.

οὐρά : queue, 1, 14; 5, 7; 7; 8; 6, 3; 10, 4; 11, 2.

οὖς : oreille (du ch.) 1, 11; 3, 2; 5, 1; 6; 7, 1.

ὀφθαλμός : œil (du ch.) 5, 6.

ὀχεία : monte, saillie, 5, 8; 8.

ὄχθος : talus; ἐπ' ὄχθους ἀνορούειν, s'élancer sur des contre-hauts, 3, 7; ἀπ' ὄχθων καθάλλεσθαι, s'élancer en contrebas, 3, 7.

παίω : frapper (de la cravache), donner (de l'éperon) 8, 4; 5; 5; 10; 10, 2; 11, 4.

παλτόν : javelot, 12, 12 (κρανaίνον, de cornouiller); 13.

παντοῖος : voir χωρίον.

παραβάλλω : voir βάλλω.

παράγομαι : voir ἄγω.

παραδέχομαι : voir δέχομαι.

παραδίδωμι : voir δίδωμι.

παραλαμβάνω : voir λαμβάνω.

παραμηρίδιον : cuissard (pièce de l'armure du cav.) 12, 8; 10.

παραπίμπρημι : voir πίμπρημι.

παραπλευρίδιον : couvre-côtes (pièces de l'armure du ch.) 12, 8; cf. *Cyrop.*, 6, 4, 1.

πατάττω : (du cav. à ch.) porter un coup, 7, 5; 12, 6.

παύω, au moy. : cesser le travail (à ch.) 10, 13; — autre sens : 10, 12.

ἀναπαύω, tr. ou intr. : arrêter, faire reposer (le ch.) 9, 11.

διαναπαύω : faire reposer (le ch.) 7, 18.

παχύνω, au moy. : (des membres du ch.) gonfler, 1, 5.

παχύς : (de la corne du pied, des os du canon, des bras et avant-bras du ch.) épais, 1, 3; 5; 5; 7; — (des rênes) épais, 7, 9.

πέδη : huit (figure de manège) 3, 5; 7, 13; 14.

πεινῶ : (du poulain) avoir faim, 2, 3.

περιβάλλω : voir βάλλω et ἡνία.

περίβλεπτος : (ch.) étincelant, 10, 1; 5.

περίκειμαι : voir κεῖμαι.

περιτίθημι : voir τίθημι.

περιφέρω : voir φέρω.

περόνη : peroné (du ch.); le mot doit désigner un « tendon »; — voir la note, 1, 5.

περσικὸς (τρόπος) : (manière) perse (d'aider un cav. à se mettre en selle) 6, 12.

πηδῶ : (du ch.) sauter, 8, 5; — voir ἅλλομαι.

ἀναπηδῶ : (du cav.) sauter à ch., 7, 1; 3; — (du ch.) sauter en contre-haut, 8, 5.

διαπηδῶ : (du cav. et du ch.) sauter, franchir (en largeur et en hauteur) 3, 7; 8, 1; 3; 5; 5; 14.

ἐκπηδῶ : (du ch.) sauter, en longueur (sans idée de hauteur) 8, 1.

καταπηδῶ : (du ch.) sauter en contre-bas, 8, 5.

πιέζω : (du cav.) appuyer (la lèvre du ch. contre les crochets) 6, 8; — au pass. : voir χαλινός.

(πίμπρημι).

παραπίμπρημι, au moy. : (des membres du ch.) chauffer, 1, 4.

πίνω : (du ch.) boire, 2, 3.

(πίπτω).

ἀναπίπτω : (du cav.) se renverser en arrière, 8, 7.

καταπίπτω : (du cav.) tomber, 8, 11; cf. *Cyrop.*, 4, 5, 54.

προσπίπτω : cogner (contre la jambe du cav.) 7, 6.

συμπίπτω : (des naseaux) être resserrés, 1, 10; — (de deux cav.) venir au corps à corps, 8, 11.

πλάγια (τὰ) : (montée ou descente) oblique, 3, 7; 8, 1; côtés (du ch.) 6, 5; — non techn. 6, 3; 6; 12, 12.

πλαγιῶ : incliner (le ch.) 7, 16; — au moy. : (du cav.) s'incliner, 7, 16.

πλατύς : (du poitrail du ch.) ouvert, 1, 7; — (du rein, de la croupe et des hanches, du sillon de la cuisse du ch.) large, 1, 12; 13; 14.

πλευρά : côte, côté (du ch.) 1, 12; 13; 7, 2; 11, 2; côte (du cav.) 7, 8.

πληγή : coup (d'une arme) 8, 10; 12, 11.

πλήττω, au pass. : recevoir un coup (du sabot ou du genou du ch.) 6, 1.

ἐκπλήττω : affoler (le ch.) 10, 2.

πλύνω : laver (le ch.) 5, 7.

καταπλύνω : laver (le ch.) 5, 6.

πνέω : voir apparat, 6, 11.

ἀναπνέω : (du ch.) respirer, 5, 3.

ποδώκης : (ch.) rapide, « vite », 3, 12.

πολεμιστήριος : (ch.) d'armes, de guerre, 1, 2; 3, 7.

πολύς : πλείονος ἀξίους (ἵππους) ποιεῖν, mettre (des ch.) en condition, 11, 13; — autres exemples non techn.

πομπικός : (ch.) de parade, 11, 1.

πόνος : fatigue, travail, effort (du ch.) 3, 11; 12; 11, 13.

πονῶ : (du ch.) travailler, être entraîné, 3, 3; 11; 11; 6, 10; 11; 7, 19; 10, 13; 11, 12; — (du cav.) supporter des fatigues, 7, 7.

ποππυσμός : sifflement (du cav. pour calmer ou exciter le ch.) 9, 10; 10; 10.

πορεύω, au moy. : (du ch.) aller, marcher, 4, 4; 10, 14.

πούς : pied (du ch.) 1, 2; 3; 3 (τὸ ἰσχυρότατον, τὸ μαλακώτατον); 8; 4, 3; 3; 4; 5; — (du cav.) 7, 2; 6; 12, 10; 10; — voir ἀσκῶ, καρτερύνω, στερεῶ, et εὐποδία, εὔπους.

πραγματεία : attention (exigée du cav. pour le ch. qui a du sang) 3, 12.

πρανής : τὸ πρανές, descente, 3, 7; 8, 1; 6; 6; 8.

πρᾶος : (ch.) doux, 2, 3; 3, 12; — non techn. 9, 3.

πραΰνω : apaiser, calmer (le ch.) 2, 5; 9, 5; 6; 6; 7; 10; 10.

προάγω : voir ἄγω.

προβαίνω : voir βαίνω.

προβάλλω : voir βάλλω.

προδιαβαίνω : voir βαίνω.

πρόειμι : voir εἶμι.

προίημι : voir ἵημι.

προκινῶ : voir κινῶ.

προκόμιον : toupet (du ch.) 5, 6; 8.

προμετωπίδιον : chanfrein (pièce de l'armure du ch.) 12, 8.

προνεύω : voir νεύω.

προορῶ : voir ὁρῶ.

προπετής : (de l'encolure) tombante, 1, 8; προπετῶς, 8, 8.

προσάγω : voir ἄγω.

προσίημι : voir ἵημι.

προσκλῶ : voir κλῶ.

πρόσθεν (τὰ) : (les membres) antérieurs, 1, 12; τὸ π. σῶμα, l'avant-main, 11, 3.

προσκόπτω : voir κόπτω.

προσπίπτω : voir πίπτω.

προστερνίδιον : poitrail (pièce de l'armure du ch.) 12, 8.

προσφέρω : voir φερω.

πρόσφυσις : adhérence (du cav. au ch.) 1, 11.

πρόσωπον : visage (du ch.) 5, 4; (du cav.) 6, 1; 12, 2; κατὰ τὸ π., de front, par devant (le ch.) 6, 3.

προτείνω : voir τείνω.

προχωρῶ : voir χωρῶ.

πτέρυξ : aile (de la cuirasse) 12, 4; 6.

(πτύσσω).

ἀναπτύσσω : (du cav.) ployer (le sabot) 6, 2; — non techn., 12, 6.

πωλεία : problème de dressage (des jeunes ch.) 2, 2; 5.

πώλευσις : pratique du dressage (des jeunes ch.) 2, 1.

πωλεύω : dresser une jeune ch. (ou un poulain) 2, 1.

πωλοδάμνης : dresseur (spécialisé) de jeunes ch., 2, 1; 2; 3.

πῶλος : 1) poulain (jusqu'à 2 ans 1/2); 2) jeune cheval (de 2 ans 1/2 à 5 ans) 1, 1; 6; 15; 17; 2, 2; 3; 3; 3; 5; 9, 1.

ῥάϐδος : cravache, 8, 4; 11, 4; — voir βακτηρία.

(ῥαϐδοφορῶ).

ἐπιραϐδοφορῶ : (du ch.) aller, marcher au galop, 7, 11; 11 (désigne *l'allure* du galop, par opp. à θέω; — voir ce mot.

ῥᾳστώνη : soulagement (du ch.) 7, 19; 8, 14; 11, 5.

ῥάχις : dos (du ch.) (διπλῆ, double) 1, 11 (voir apparat); 5, 5; 7, 2; — voir ἕδρα.

(ῥηγνύω).

ἀπορρηγνύω, au moy. : (du ch.) se briser (l'épaule) 8, 6.

ῥυταγωγεύς : corde-longe, 7, 1; — voir ἀγωγεύς et l'appendice.

σάρξ : chair (du ch.) 1, 5; 4, 5.

σημαίνω : commander (au ch.) 7, 10; 11; 8, 14; 9, 4; 10, 15; 15.

σημεῖον : indication, commandement (donnés au ch.) 9, 3; 11, 6.

σιαγών : ganaches, 1, 8.

σίνομαι : blesser (le dos du ch.) 12, 9.

σῖτος : nourriture (du ch., à savoir grain-orge), repas, 4, 1; 2; 2; 3; 6, 11.

σκέλος : 1) membre (du ch.) 1, 4; 5; 6; 6; 7; 14; 5, 9; 10; 6, 2; 2; 10, 4; 15; 15; 16; 11, 2; 2) jambe (du cav.) 7, 2; 5; 6; — voir κνήμη.

σκληρός : (jambe du ch.; du cav.) raide, 1, 6; 7, 6; — (barres) dures, 1, 9; (mors) dur, 10, 8; 10; 11; τὰ σκληρά, terrain dur, 1, 5; — voir apparat 4, 3.

σοβαρός : (ch.) impétueux, 10, 17.

σοβῶ : chasser (la crasse du ch., au pansage) 5, 5.

ἀποσοβῶ : chasser (la crasse du ch.; les moucherons) 5, 6; 7; cf. Arist., *Cav.*, 60.

σπῶ : tirer (la bouche du ch.) 7, 1; 1; 9, 5.

ὑποσπῶ, au moy. : (du cav. en selle) tirer (ses affaires) sous soi, 7, 8.

σταθμός : écurie (en général; différent de ἱππών : voir ce mot) 4, 1; 3; 3; ὁ ἔξω σ., les abords (de l'écurie) 4, 4.

στερεός : (croupe et hanches) fermes, 1, 13; — (sabots) durs, 4, 5.

στερεῶ : fortifier (les pieds du ch.) 4, 3; durcir (la fourchette) 4, 5.

στέρνον, au sing, ou au plur. : poitrail (du ch.) 1, 7; 8; 13; 10, 15.

στόμα : bouche (du ch.) 3, 2; 4, 5; 6, 8; 9; 9; 7, 1; 10, 1; 2; 9; 12.

στόμιον : embouchure (du mors) 6, 7; 9; 10, 9; 16.

στρέφω : tourner, mettre en cercle (le ch.) 7, 12; 13; 14 (voir apparat); 17.

ἀναστρέφω : (du ch.) tourner, faire demi-tour, 7, 12; 8, 12; — au moy. : se retourner, 6, 5.

ἀποστρέφω, au moy. : (du ch.) faire demi-tour, 3, 5; — à l'actif : (du cav. à ch.) faire demi-tour, 12,3; — voir ἀποστροφή.

στροφή : volte, tournant, demi-tour, 7, 15; 17; 17; 10, 15.

συγκαμπή : jointure (de l'encolure, à la nuque) 1, 8.

συγκάμπτω : voir κάμπτω.

συμβολή : brisure (du canon du mors) 10, 10.

συμμέτρως ἔχω : (du corps du ch.) se proportionner (avec les jambes) 1, 16.

συμπαρέπομαι : voir ἕπομαι.

συμπίπτω : voir πίπτω.

συναύξω : voir αὔξω.

συνδάκνω : voir δάκνω.

συνεπαίρω : voir αἴρω.

συνθέω : voir θέω.

σφαιρῶ, au pass. : (des javelots) être moucheté, 8, 10.

σφαιρωτός : (javelot) moucheté, 8, 10.

σφάλλω : (du ch.) désarçonner, 3, 9; — au pass. : (du cav.) être désarçonné, 7, 7 (voir apparat).

σχῆμα : attitude (du ch.) 1, 8; 7, 10; 10, 2 (voir apparat); 16.

σχηματοποιοῦμαι : (du ch.) se pavaner, 10, 4; 5.

σῶμα : corps (du ch.) 1, 1; 2; 4; 5; 11; 17; 3, 7; 4, 2; 3; 5, 5; 7, 11; 8, 5; 11, 1; 2; 11; corps (du cav.) 7, 2; 7; τὸ πρόσθεν σ., avant-main, 11, 3.

σωτήριος : (ch.) qui tire d'affaire (le cav.) 3, 12; — (ch. et cav.) qui se tirent d'affaire (mutuellement) 8, 1.

ταπεινός : (canon) incliné, 1, 4; — (rondelles du mors) écrasées, 10, 6; — voir ὁπλή.

ταράττω : affoler (le ch.) 9, 4; 10, 2.

τάραχος : affolement (du ch.) 9, 4.

τάφρος : fossé, 3, 7; 8, 3; 8.

τάχος : cadence vive (du ch.) 11, 12; εἰς τ. (ἀφεθείς), (ch. lancé) aux allures vives, 3, 5; ἐν τῷ τ., (ch.) aux allures vives, 7, 15; cf. βράδος; — bon techn. 6, 6.

ταχύνω : (du ch.) allonger l'allure, 7, 17.

ταχύς : ταχεῖα ἱππασία, allures rapides, 10, 13; ταχὺ ἐλαύνεσθαι, aller vite (à ch.) ταχὺ θεῖν (du ch.) galoper bon train,

10, 14; εἰς τὸ ταχὺ ἀφικνεῖσθαι, (du ch.) passer à l'allure vive, 9, 3; εἰς τὸ τάχιστον ὁρμᾶν, lancer (le ch.) aux allures les plus vives, 7, 18; — voir apparat 9, 8; 11, 12: — non techn. : (du cav.) τ. καταβαίνεσθαι, 11, 7.

θᾶττον : πρὸς τὸ θ. ὁρμᾶσθαι, lancer (le ch.) au galop allongé, 7, 17; εἰς τὸ θ. ὁρμᾶσθαι (du ch.) s'élancer au galop allongé, 9, 5; partir au galop, 10, 15; εἰς τὸ θ. προάγειν, pousser aux allures plus vives, 9, 3.

(τείνω).

ἀνατείνω : (du ch.) porter (la queue)) en panache (ἄνω) 10, 4; s'enlever, 7, 11 (voir apparat).

ἐκτείνω : (du ch.) raidir (l'encolure) 1, 8; — voir τράχηλος; — (du cav.) faire une extension (du bras droit, pour se mettre en selle) 7, 2; — (du gantelet) se déplier, 12, 5; — voir ἐγκάμπτω.

ἐντείνω : tirer (le ch.) 8, 3.

κατατείνω : τὰ κατατείνοντα, les parties qui tendent (le mors), c'est-à-dire les montants de bride, 10, 7.

προτείνω : proposer (le mors du ch.) 6, 11.

τειχίον : petit mur (à faire passer par le ch.) 3, 7.

τίθημι : (du cav.) poser (le genou sur le dos du ch.) 7, 2.

περιτίθημι : (du piqueur) mettre (la muselière au ch.) 5, 3; mettre (le frontal) 6, 8; — au pass. : (de la têtière) être mis (désigne son emplacement) 5, 1; — (des pièces du mors) être ajustées (autour du canon) 10, 10.

ὑποτίθημι : (du ch.) engager (les postérieurs) 1, 14; 11, 2; 3; — non techn. en 3, 7; — voir προσάγομαι.

τράχηλος : haut de l'encolure 1, 8; 8; 5, 7; — voir ἐγκάμπτω, ἐκτείνω.

τραχύς, τραχύτης : voir χαλινός.

τρέφω : élever (un ch.) 11, 13.

τρέχω : (du ch.) courir, 8, 1; 6.

διατρέχω : (des pièces du mors) s'ouvrir, 10. 11; — voir συνθέω.

τρίβω : frotter (les poils du dos du ch.) 5, 5.

ἀποτρίβω : faire le pansage, 6, 2.

τρόπος : manière (de monter à ch.) 7, 1; περσικὸς τ., manière perse (de mettre le cav. à ch.) 6, 12 (voir la note).

(τροχάζω).

διατροχάζω : (du ch.) aller, marcher au trot, 7, 11; 11.

τροχός, au plur. : rondelles (du mors), 10, 6; 6; 7; εὐμεγέθεις, de bonne taille; βαρεῖς, pesantes; ταπεινοί, écrasées; μεγάλοι, grandes.

τυλῶ : durcir (la bouche du ch.) 6, 9.

(τυφλῶ).

ἐκτυφλῶ : au fig., aveugler (le ch.) 10, 2 (voir apparat).

ὑγιής : (ch. et corps du ch.) sain, 3, 7; 8; 8, 6.

ὑγρός : (membres et dos du ch.) souple, 1, 6; 6; 10, 4; 15; 16; 11, 2; 2; — (cav. et sa jambe, haut du corps) souple, 7, 6; 7; — (écurie) humide, 4, 3; 3; — (mors) flexible 10, 8; 10, 10; τὸ ὑγρόν, flexibilité (du mors) 10, 10; — voir χαλινός.

ὑγρῶς : (des genoux du ch. qui plient) souplement, 1, 6; au comparatif, 1, 6.

ὑπείκω : voir εἴκω.

ὑπεραιμῶ : (du ch.) avoir de la congestion, 4, 2.

ὑπεράλλομαι : voir ἅλλομαι.

ὑπερβαίνω : voir βαίνω,

ὑπέρθυμος : (ch.) qui a trop de sang, 3, 12.

ὑπέρφοβος : (ch.) peureux à l'excès, 3, 9.

ὑπηρετῶ : (du ch.) se soumettre, 6, 16; 8, 13; 14; 10, 12; — (du cav.) se plier (aux mouvements du ch.) 8, 7.

ὑπόβασις : aplombs (du ch.) 1, 14.

ὑποβιβάζω : voir βιβάζω.

ὑποδύω : voir δύω.

ὑπολαμβάνω : voir λαμβάνω.

ὑπομένω : voir μένω.

ὑποπτεύω : voir ὀπτεύω.

ὑπόπτης : (ch.) ombrageux, 3, 9.

ὑποσπῶ : voir σπῶ.

ὑπόστρωμα : litière (du ch.) 5, 2.

ὑποτίθημι : voir τίθημι.

ὑποφέρω : voir φέρω.

ὑποχαλινιδία : sous-barbe (ou fausse gourmette) 7, 1; — voir l'appendice.

ὑποχάσκω : voir χάσκω.

ὑποχείριος : (ch.) en main, maniable, 8, 12.

ὕπτιος : (cav.) renversé en arrière, 8, 8.

ὑφηγοῦμαι : voir ἡγοῦμαι.

ὑψηλαυχενία : position du placer, 10, 13; — voir αἴρω, αὐχήν, τράχηλος.

ὑψηλός : voir ὁπλή, ἀκρωμία, κνήμη; ἐφ' ὑψηλοῦ (du cav. qui porte un coup) d'un point élevé, 12, 11.

φάτνη : mangeoire, 4, 1; 4; 5, 1.

φέρω : (du ch.) avoir un port (de membres) 1, 7; — au pass. : être emporté (sur une pente) 8, 8; — au moy. : se porter (en avant) 10, 16; — (du javelot) avoir une portée, 12, 13; — non techn. 12, 1; 1.

ἐκφέρω : (du ch.) emmener (le cav. malgré lui) 3, 4; 5; cf. ἐκφορά; — (du palefrenier) emporter (crottin et litière) 5, 2.

περιφέρω : (du cav.) faire faire (à son pied) le tour (du dos du ch.) 7, 2.

προσφέρω : (du cav.) faire sentir, présenter (quelque chose au ch. : l'embouchure, un repas) 6, 7; 9, 10; 11; 11; 10, 13; — au moy. : traiter (le ch.) 1, 1; 6, 13.

ὑποφέρω : (du ch.) supporter (les efforts, la fatigue) 3, 12; 11, 13.

φεύγω : (du ch.) s'enfuir, 3, 4; — (du cav.) s'échapper, se replier (à ch.) 8, 10; 10; 12; — (de l'embouchure du mors) fuir (dans la bouche du ch.) 10, 9.

ἐκφεύγω : (du ch.) échapper, 10, 14.

(φθείρω).

διαφθείρω : endommager (le ch.) 9, 1.

φιλάνθρωπος : (ch.) ami de l'homme, 2, 3; cf. φιλεῖσθαι, 2, 3.

φιλόνικος : (ch.) qui a de l'émulation, 9, 8.

φλέψ : veine (du ch.) 1, 5.

φόβος : peur (du ch.) 6, 15.

φοβῶ, au moy. : (du jeune ch.) avoir peur, 2, 5; — non techn. 8, 6.

φορβειά : attache (ἐπιφατνιδία, du ch. à la mangeoire) 5, 1; cf. *Rev. de Phil.*, 1959, p. 73, n. 1.

φρύαγμα : hennissement, 11, 12.

φυλαρχῶ : être phylarque, c'est-à-dire commander la cavalerie à Athènes, 11, 10.

φυλάττω, au moy. : surveiller (le ch.) 6, 4; — non techn. 3, 9.

φύσημα : ébrouement, 11, 12.

χαίτη : crinière, 5, 5; 7; 8; 7, 1; 8, 8.

χαλαρός : (de la longe) qui a du jeu, 7, 1; — (de la jambe du cav.) libre, 7, 6; — (de la cuirasse) lâche, 12, 1; — voir χαλινός et le suiv.

χαλαρότης : légèreté de main, 9, 9; 10, 13; 16.

χαλεπότης : caractère méchant (du ch.) 3, 10.

χαλινός : mors, 6, 8; 7, 1; 10, 6; 11.

A) Substantifs : τραχύτης, dureté (du mors) 10, 6; λειότης, douceur, 10, 6; 7.

B) Adjectifs : λεῖος, doux, 9, 9; 9; 10, 6; 6; 6; 7; σκληρός, rigide, 10, 8; 10; 11; τραχύς, dur, 9, 9; 9; ὑγρός, flexible, 10, 8; 10; 10; χαλαρός (main) légère, 10, 3; cf. χαλαρότης.

C) Verbes : ἀνακρούειν τῷ χ., tendre les rênes, 10, 12; 12; 11, 3; ἀναλαμβάνειν τὸν χ.; saisir le mors, 10, 9; ἀντιλαμβάνεσθαι τῷ χ., soutenir, retenir (le ch.) avec le mors, avec la main, 8, 8; 10, 15; ἀπερείδεσθαι ἐν τῷ χ., (du ch.) s'appuyer sur le mors, 10, 7; ἀπέχειν : ὅσον δεῖ ἀπέχειν τὸν χ. τῶν γνάθων, à quelle distance des barres doit se trouver le mors, 6, 9; ἁρπάζειν τὸν χ., (du ch.) saisir le mors, 6, 11; ἀφιέναι τὸν χ. (ou τὸ στόμιον), lâcher le mors (ou l'embouchure) 10, 6; 7; 9; βαρύνεσθαι τῷ χ., alourdir (le ch.) par la main, 8, 8; δέχεσθαι τὸν χ., accepter le mors, 3, 2; 6, 10; 8, 14; μὴ δέχεσθαι τὸν χ., refuser le mors, 6, 8; 8; 8; 10; διδόναι τὸν χ., rendre la main, 10, 12; 16; 11, 3; ἕλκειν τῷ χ., tirer (sur la bouche) avec le mors, 10, 1; ἐμβάλλειν τὸν χ., brider, 6, 7; ἐμβάλλεσθαι, ἐξαιρεῖσθαι (au pass., avec χ. pour sujet), brider, débrider, 3, 12; 9, 9; ἔχειν τὸν χ., (du ch.) tenir le mors, 10, 8; 9; λαμβάνειν τὸν χ., accepter le mors, 6, 10; 8, 14; 10, 6; 8; μεταλαμβάνειν τὸν χ., mettre un mors à la place d'un autre, 10, 6; πιέζεσθαι τῷ χ., être pressé par le mors, 10, 15; προτείνειν τὸν χ., présenter le mors, 6, 11.

χαλινῶ : brider, 5, 1; 6, 11.

ἀποχαλινῶ : débrider, 11, 7.

χαλίνωσις : action de brider, 3, 11.

χαλῶ : (de la peau du ch.) se décoller, 1, 5; — (du ch.) relâcher (son lien) 5, 4; desserrer (les dents) 6, 8.

διαχαλῶ τὸ σῶμα : (du ch.) se détendre, 7, 11.

χαμηλός : voir apparat 1, 3.

χάσκω : (du ch.) ouvrir la bouche, 10, 7.

ὑποχάσκω : même sens, 6, 8.

χεῖλος : lèvre (du ch.) 6, 8.

χεῖρ : main (du cav.) 3, 12; 6, 8; 7, 1; 8; 9; 10; 12, 5; — (du palefrenier) 5, 5; 10; gantelet (partie de l'armure du cav.) 12, 5.

χειροήθης : (ch.) maniable 2, 3.

χελιδών : fourchette (du pied du ch.) 1, 3; 4, 5; 6, 2.

χωλός : (ch.) boiteux, 1, 5.

χωρίον : παντοῖον χ., terrain varié, 8, 10; 10.

(χωρῶ).

ἀποχωρῶ : (du ch.) s'écarter, 3, 4; — (du cav.) fuir, 7, 17.

προχωρῶ : (du ch.) se porter en avant, 7, 10.

ψάλιον : caveçon, 7, 1; — voir l'appendice.

ψηλαφῶ : caresser (le ch.) 2, 4.

ψῆξις : pansage, 5, 3; friction (du ch.) 5, 10.

ψήχω : panser (le ch.) 4, 4; 5; 5, 1; 5; 6, 1 (synonyme de καθαίρω).

ψιλός : ἐπὶ ψιλοῦ (du cav. à ch.) à cru, 7, 5.

ψιλῶ : (du boulet du ch.) perdre ses poils, 1, 4; — au pass. : (du bras du cav.) être découvert (de l'armure) 12, 7.

ψόφος : son (du sabot) 1, 3; cf. sens différent en *Hell.*, 2, 4, 6; — non techn. 2, 5.

ψοφῶ : (du sabot) résonner, 1, 3.

ψυχή : caractère (du ch.) 1, 1; 3, 7; 11; 11, 1.

ὠθῶ : pousser (un cav.) 7, 7.

ἀπωθῶ : (du cav.) repousser (un autre cav.) 8, 11.

ὠμοπλάτη : épaule (du ch.) 1, 7; 6, 2.

ὦμος : épaule (du ch.) 1, 11; 8, 6; synonyme du précédent; épaule (du cav.) 12, 1; 5.

ὠνοῦμαι : acquérir, acheter (un ch.) 3, 1; 2; 7; 8, 2; 9, 1.

# NOTES COMPLÉMENTAIRES

*Page 40.*

1. Auteur à peu près inconnu du plus ancien traité connu d'art équestre « Sur l'extérieur et le choix des chevaux », dont il ne reste qu'un chapitre mutilé. Sur lui et sur la valeur probable de son œuvre, voir l'A.E., p. 155-168. Xén. parle de lui avec une certaine condescendance, probablement justifiée. Les exploits visés sont évidemment guerriers.

2. Ce sanctuaire est situé à l'angle sud-est de l'Agora, sur la pente entre celle-ci et le nord-ouest de l'Acropole; voir *C.C.*, 3, 2 et la n. 3.

3. Le verbe grec est probablement pris dans son sens passif, « être trompé », et non moyen. Le maquignonnage ne devait pas être plus rare chez les Grecs que de nos jours. Le sens de « se tromper », toutefois, n'est pas impossible; voir 1, 16 et 3, 1.

4. Xén. suit un ordre chronologique : le cheval qu'il s'agit d'acheter n'a jamais été monté. On le verra ensuite prendre de l'âge. L'important est d'abord son extérieur, signe de sa qualité.

5. On attache peut-être plus d'importance, aujourd'hui, aux membres, sujets à des tares. Mais l'absence de ferrure chez les Grecs et leur terrain sec fait ici passer d'abord les qualités du pied, en particulier de la corne; de là l'avantage d'une fourchette éloignée du sol (ci-dessous, § 3).

*Page 41.*

4. Le paturon trop droit secoue le cavalier mais ménage les tendons sans empêcher les membres de chauffer; le contraire se produit s'il est trop incliné. Xén. note les intérêts opposés du cheval et du cavalier. — Voir Thucydide, 7, 27, 5.

5. Voir au lexique le mot κνήμη.

6. Tout ce § 5, superficiellement juste, abonde en erreurs, dues à l'insuffisance de notions anatomiques. Les accidents visés ne peuvent être que des tares molles, reconnaissables

au toucher. Si la peau « se distend », c'est parce que le tendon s'est lui-même distendu sous la peau; soumis à un effort excessif, il finit par « claquer » et provoque une boîterie qui interdit au cavalier de monter. — Le mot « péroné » est employé à tort par Xén., qui semble ignorer l'existence des tendons; mais sa remarque est juste s'il désigne par là le tendon que l'on nomme « perforé ».

*Page 42.*

2. Un cheval « serré du devant » a des aplombs défectueux et risque de « se croiser », aux trois allures, donc de tomber et de faire tomber.

3. La position naturelle de la tête chez le jeune cheval, proche du « ramener » que lui donnera le dressage (10, 3), favorise la mise en main du cheval.

4. Le mot σιαγών ne peut désigner ici que les « ganaches », dont le développement excessif fait dire que le cheval est « chargé de ganaches ».

5. En effet, si le cheval porte haut la tête, le cavalier voit devant les pieds de sa monture et peut éviter une pierre, ou un trou, peu visibles de loin. Si l'encolure est tombante, le chemin immédiat est masqué par le bloc de l'encolure et de la tête, surtout si les ganaches sont larges. Quant au cheval, s'il a l'encolure haute, il voit moins bien l'endroit où il pose le pied. — Sur l'expression, voir *Rép. Lac.*, 3, 4.

6. L'encolure relevée sans excès rend le cheval plus sensible à l'action du mors et lui épargne la mauvaise habitude de s'appuyer sur lui.

7. Si les « barres » (la partie de la gencive dépourvue de dents) ne sont pas d'une égale sensibilité, l'action du mors ne se répartit pas également des deux côtés, et le cheval devient difficile, sinon « braqué »; cf. *infra*, 3, 5; 6, 9; 7, 13.

*Page 43.*

4. Les côtes « assez renflées » prolongent les avantages du « dos double » et prouvent une grande capacité thoracique.

5. Xén. connaît l'importance du rein (il y revient en 11, 2) pour certains mouvements de dressage et pour la haute-école, car le rein travaille quand le cheval « engage les postérieurs » (ci-dessous, § 14).

6. Voir 12, 8 et au lexique les mots γαστήρ et κενέων.

7. Xén. emploie un mot unique, τὰ ἰσχία, pour désigner à la fois la croupe et les hanches, qu'il ne distingue pas l'une des autres, mais qui, comme il le dit, influent sur la vitesse.

8. Ce sillon doit être celui, si accentué, qui marque la séparation (διωρισμένους) entre la cuisse et la fesse et qui, lorsque le cheval est amaigri, prend le nom de « raie de misère ». Cette « séparation » prouve que διὰ πολλοῦ n'a pas le même sens que ci-dessous, au § 7, et ne s'applique pas à un *croisement* des postérieurs, mais à leur *engagement*. De là la « fougue » traduite par les statues équestres.

*Page 44.*

5. Corriger le texte des manuscrits ne s'impose pas, car il s'agit de l'extérieur des chevaux et des poulains qui, laids jeunes, peuvent prendre avec l'âge une belle robe.

6. C'est-à-dire à la fois procéder au débourrage et au dressage des poulains jusqu'au moment où, cessant d'être poulain, le cheval, vers deux ans et demi, commence à pouvoir être monté utilement. Il reste « jeune cheval » jusqu'à cinq ou six ans. — Si, contrairement aux éditeurs depuis Cobet, on garde le texte des manuscrits, en évitant de nier δοκεῖ ou γραπτέον, la suite des idées devient claire : Xén. s'excuse de donner son idée sur le problème alors qu'elle n'intéresse que faiblement les puissants. Il croit bon (δοκεῖ ouvre et ferme le chapitre 2) cependant de parler du dressage. Et, après d'assez longues précautions oratoires, il continue : il faut toutefois (χρὴ μέντοι, § 2)...

*Page 45.*

4. L'expression τὰ λυποῦντα fait image car le verbe se dit de la cavalerie ennemie qui « harcèle »; cf, Hérodote, 9, 40; Thucydide, 6, 66, 1; Xén., *Anab.*, 2, 3, 23; *Hell.*, 6, 3, 14.

*Page 46.*

3. C'est dans la période qui va de deux ans et demi à cinq ans que se produit la chute des dents (incisives) de lait et la sortie des « dents de cheval ». Le cheval qui a encore ses γνώμονες a donc entre deux ans et demi et cinq ans.

4. Une fois les dents de lait tombées, les signes donnés par les autres dents n'offrent plus la même certitude; les maquignons ont des procédés quelquefois trop habiles. — Au cours de sa vie, civile et militaire, Xén., sans en faire un métier naturellement, eut souvent à acheter et à revendre un cheval.

5. « Autour des oreilles », entendre « par-dessus les oreilles »;

c'est une façon d'en faire le tour, et le geste de celui qui, le mors accepté par le cheval, achève de le brider, opération parfois difficile; cf. Vigneron, t. I, p. 54, et *infra*, 6, 8.

6. Beaucoup de chevaux ont des défenses quand le cavalier s'approche pour les monter (cf. 3, 11) ; il lui faut donc un cheval « docile au montoir ».

7. Le cheval a un instinct grégaire très développé, répugne à « sortir du rang » et tend, s'il se trouve isolé, à emmener son cavalier lorsqu'il aperçoit un groupe de chevaux.

8. Le sens de « dressage » (« training », proposé par *Journ. of Hell. St.*, 1953, p. 156) peut se défendre à la rigueur, pour ἀγωγή; mais en 6,4 le sens du mot ne peut se contester; d'où la présente traduction. Le piqueur est fautif s'il tient mal le cheval en main, mais il y a chez le cheval que l'on présente à l'acheteur un manque de docilité qui doit l'inquiéter.

*Page 47.*

2. Pour Xén. il y a deux conditions complémentaires (ἅμα) permettant au cheval d'emmener le cavalier : des barres inégales chez le cheval (c'est-à-dire un côté sur lequel il ne répond pas à la main) en même temps que l'« occasion d'emmener » (ἐκφορά) le cavalier. Le « huit » montre bien si le cheval a les barres inégales, mais ne lui donne pas nécessairement l'occasion mentionnée, tandis que le travail aux deux mains, par voltes successives, s'il montre bien le défaut éventuel des barres, peut en outre mettre brusquement le cheval en face du chemin de l'écurie et lui donner l'occasion de s'élancer vers elle. Le cheval à bonne bouche s'arrête sur une indication légère de la main.

3. Voir 1, 2.

4. Aucune difficulté de terrain n'arrête le cavalier mais, dans les exercices, mieux vaut éviter de prendre les pentes en oblique.

5. Les Grecs employaient sans doute peu les hongres, habituels dans les armées modernes, mais Xén. les connaît (cf. *Cyrop.*, 7, 5, 62, ἵπποι ἐκτεμνόμενοι). Le cheval entier est plus difficile, plus fougueux, et quelquefois mord son voisin et même l'homme (cf. *infra*, 5, 3).

*Page 48.*

3. Xén. ne dit pas qu'il faille recommencer le travail; il suffit de constater que le cheval accepte l'*idée* de recommencer.

Il connaît parfaitement les gestes de brider, seller, de prendre les rênes dans la main gauche avant de sauter à cheval.

4. Le cavalier a besoin au moins de sa main droite pour se servir de ses armes.

*Page 49.*

3. La fourbure est une inflammation du derme du sabot (surtout aux antérieurs) qui empêche pratiquement le cheval d'avancer; elle est due à un refroidissement, au surmenage, à une trop longue station debout dans la stalle, ou encore à l'ingestion d'un fourrage avarié, seigle ou orge (κριθή; cf. le verbe κριθιᾶν, « avoir une indigestion d'orge », dans Aristote, *Hist. An.*, 8, 24-604 b-). Elle peut accompagner des coliques.

4. Xén. attache une importance particulière aux pieds du cheval (cf. 1, 2 et suiv.; 3, 12 et *C.C.*, 1, 16) parce que les Grecs ignoraient la ferrure, dont on ne se dispense que rarement aujourd'hui (chevaux de Camargue par exemple).

5. Xén. recommande ce pavage, fait sans doute avec des galets ronds, de la grosseur du sabot, pour que la fourchette puisse reposer sur la pierre et par là se durcir en même temps que la surface plantaire du sabot.

6. Le texte de la fin de ce § 3, depuis τάδε est jugé corrompu; bien des corrections ont été proposées; mais le texte de manuscrits se défend très bien.

7. Le cheval que l'on ne fait pas sortir assez — indépendamment du travail — peut devenir triste.

8. Littéralement « l'écurie qui est au dehors », c'est-à-dire l'endroit où se fait le pansage, opération pendant laquelle le cheval n'est jamais immobile (ci-dessous § 5).

*Page 51.*

2. Comme les entraîneurs modernes, les Grecs avaient des endroits sablonneux (et non poudreux) où le cheval, après le travail, ou après les courses, pouvait se rouler; c'était à la fois une détente, un séchage de la sueur et un massage du dos. Voir *Ec.*, 11, 18; Aristophane, *Nuées*, 32-33; *Gren.*, 904.

3. Encore une observation exacte, pour le cheval à l'écurie comme à l'extérieur.

4. En nettoyant la tête ou l'encolure en dernier lieu on ferait tomber les saletés sur les parties déjà pansées. « Le cavalier... brosse la tête, puis l'encolure, et tout le côté droit; il exécute la même opération du côté gauche en commençant par la tête » (*Hippologie*, p. 113).

5. La correction d'un aoriste (ἀναστήσαντα) à la place du présent des manuscrits (ἀνίσταντα), même difficile en soi, s'impose parce que le pansage proprement dit se décompose en deux actes : on relève le poil avec la brosse pour faire venir la crasse à la surface, puis on brosse dans le sens du poil pour faire tomber (σοϐεῖν) la crasse; cf. *Hippologie*, p. 113). La « crasse » est constituée par les matières que la transpiration laisse sur la peau, les petites écailles détachées de l'épiderme en renouvellement perpétuel et la poussière (cf. κόνις) du dehors; cf. *Hippologie*, p. 112.

6. Le grec dit le siège *du cheval*; voir au lexique les mots ἕδρα et ῥάχις.

7. Xén. s'imagine que l'eau fait pousser les crins; cf. ci-dessous § 7.

8. Voir au lexique τὰ λυποῦντα, au mot λυπῶ; les mouches et moucherons gênent le cheval; ils se posent volontiers sur le bord des paupières.

*Page 52.*

3. L'expression est un souvenir de l'*Odyssée*, 17, 310; Xén. fait peut-être un calembour en rapprochant ἀγελαῖαι de ἀγλαΐας. Il a souvent de tels sourires.

4. Selon Pollux, 1, 217, les juments, fières de leur crinière, dédaignent les ânes; c'est pourquoi les éleveurs de mulets la leur coupent et les mènent se mirer dans une source. Se voyant déshonorées, elles se laissent approcher des ânes. On peut interpréter autrement le passage en supposant que les Grecs coupaient la queue des juments pour faciliter une saillie que la différence de taille rend aléatoire. Aujourd'hui, apparemment, c'est l'âne qui fait le délicat : « Dans l'industrie mulassière, on présente au préalable une ânesse au baudet, puis on lui bouche les yeux et on substitue une jument à l'ânesse » (Jacoulet, N.E., p. 539).

5. Une friction fait tomber la poussière sans que les sabots soient mouillés et permet de constater si le membre a chauffé.

*Page 53.*

5. Il convient de maintenir le τῷ des manuscrits : il ne s'agit pas d'*une* longe longue, mais de *la* longe, tenue longue. Il est bon de la tenir courte pour empêcher autant que possible le cheval de se retourner.

6. La longe, ou une corde qui en tient lieu, n'est donc pas enlevée quand le cheval est bridé; voir 8, 3 et Vigneron, t. I, p. 69 et la n. 1.

*Page 54.*

4. En ce cas le cavalier n'a plus aucune action sur la bouche; c'est la force, et non la sensibilité du cheval, qui joue, et elle est supérieure à celle de l'homme; cf. Euripide, *Hippolyte*, 1222-1224. — L'ajustage de la bride est d'une extrême importance; cf. *Hippologie*, p. 138.

5. Non bridé, le cheval ne peut être ni conduit ni monté utilement.

*Page 55.*

2. Marchant a tort d'hésiter à corriger en σὺν le οὖν des manuscrits, dont les copistes n'ont pas vu l'idiotisme μάλιστα μὲν..., εἰ δὲ μή. L'exemple d'un autre cheval est décisif pour le cheval peureux, ou qui a peur par accident; et Xén. a peut-être un sourire en employant avec le cheval un tour qui vaut ailleurs pour les dieux : il dit σὺν ἵππῳ comme souvent σὺν θεῷ.

3. Le seul remède contre la peur est la mise en confiance, par des encouragements ou des caresses, par la douceur et la patience.

4. Les chevaux des spahis sont dressés à plier les antérieurs, à la façon des chameaux qui « baraquent ». P.-L. Courier dit avoir vu en Allemagne des chevaux dressés à baisser la croupe.

5. Xén. distingue l'ἀναβάτης, le cavalier en général, de l'ἱππεύς, le cavalier mobilisé; voir 7,1 et le lexique. Son conseil, toujours juste, implique que certains cavaliers, grecs ou perses, étaient trop habitués à se mettre à cheval par des moyens artificiels.

*Page 56.*

4. Le cavalier doit saisir le bas de la crinière en même temps que les rênes (sans doute tient-il déjà la corde longe) pour que, si le cheval bouge, tend l'encolure ou donne un coup de tête, et si la main du cavalier en est déplacée, celle-ci tire la crinière et non les rênes, sans risque donc de donner un coup sur la bouche.

5. C'est-à-dire « dans un second temps ». Le premier temps consistait, le cavalier encore à terre, à placer correctement les mains en laissant du jeu aux rênes. Le second est de s'enlever en tirant sur le bras gauche et en tendant le droit, qui vient à soutenir verticalement le poids du corps. Le troi-

sième temps sera de faire passer la jambe droite par-dessus la croupe et de se laisser descendre sur le dos du cheval.

6. Xén. veut, avec raison, que le cavalier, pour éviter toute brusquerie, décompose ses mouvements. Grâce à un temps d'arrêt, il pourra passer la jambe par-dessus la croupe avec élégance, pour se mettre en selle sans soulever sa tunique.

7. En main, bien entendu, c'est-à-dire en étant à pied. Tel est le sens constant du verbe ἄγω (voir le lexique). Le cavalier doit savoir sauter à cheval, tenir les armes et les rênes, et aussi la corde longe, indifféremment des deux mains, car il peut être obligé de se mettre en selle à l'improviste. L'expérience de Xén. lui rappelle les dangers des délais nécessaires au cavalier pour se préparer, lui et sa monture, au combat : *Anab.*, 3, 4, 45; 7, 2, 21; *Cyrop.*, 3, 3, 26-27.

*Page 57.*

4. Le cheval tend à s'agiter, à s'énerver, à tourner (voir au lexique δινεύω) quand le cavalier saute, soit parce qu'il est impatient de partir, soit parce qu'il craint un coup sur la bouche.

5. Observation réaliste. Les fesses du cavalier devaient reposer à nu sur le dos du cheval ou sur la selle (cf. ci-dessus, § 2); tout pli de la tunique de nature à blesser la peau doit disparaître.

6. La main gauche est toujours, sauf cas exceptionnel, celle qui tient les rênes; le libre jeu du bras droit permet le maniement de la lance et le lancer du javelot.

*Page 58.*

6. Pour le débutant, il est plus facile de passer au galop par allongement d'allure; mais Xén. connaît les départs au galop : cf. 10, 13 et 15.

7. Le mot πέδη signifie « entrave », c'est-à-dire le lien qui entoure les antérieurs d'un animal en décrivant un huit. « Le travail au huit de chiffre, aux trois allures, à un mètre du mur, est ce qui convient le mieux pour assouplir le cheval » (Fillis, p. 121). Il permet aussi d'empêcher le cheval d'avoir les barres inégalement sensibles, d'être ἑτερόγναθος; cf. 3, 5.

*Page 60.*

4. Le cavalier arrive à cheval devant le fossé. Il saute à terre pour dresser le cheval au saut, sans cavalier. Puis il habituera le cheval à sauter monté (ci-dessous, § 5).

5. Le cheval inexpérimenté a peur du fossé, calcule mal son élan une fois qu'il s'est décidé, et « saute large ».

*Page 61.*

3. La souplesse du sol amortit les chocs et les réactions préjudiciables aux membres, fragiles par nature, et empêche le cheval de glisser.

4. La remarque est contestable; tout dépend de l'inclinaison.

5. L'épaule ne peut guère se briser dans une descente, sauf si le cheval met le pied dans un trou profond, ce qui peut arriver aussi bien en terrain plat. Xén. avait assisté à Trébizonde, lors de la retraite des Dix-mille, à des concours de descente, dont les risques étaient diminués pour des chevaux non ferrés; cf. *Anab.*, 4, 8, 28.

6. A une remarque générale exacte succède l'image pittoresque d'un cavalier dont le cheval, fonçant brusquement en avant, avec peut-être un saut de mouton, lui « file » en quelque sorte entre les jambes; voir *C. C.*, 5, 4 et la note.

7. Recommandation excellente, et toujours pour les motifs indiqués en 7, 1, éviter les coups sur la bouche du cheval.

8. C'est-à-dire maintenir les rênes tendues pour empêcher que le cheval ne prenne une vitesse excessive et prévenir un faux-pas. — Depuis le début du xx^e^ siècle on préfère se pencher ici encore en avant pour soulager le plus possible le cheval.

*Page 62.*

3. Xén. peut songer à des jeux entre deux camps, comme dans le jeu de « barres », ou bien aux exercices de l'*anthippasie* (cf. *C. C.*, 1, 20; 3, 11); mais il peut viser aussi de vrais combats de cavalerie, dans la théorie (cf. *C. C.*, 8, 23-24) ou dans la réalité, comme celui qu'il décrira dans les *Hell.*, 7, 1, 21 (opérations autour de Corinthe en 369).

4. Xén. cherche, par un dressage approprié obtenu grâce à des jeux et à des exercices, un cheval dont la maniabilité — analogue à celle d'un cheval de polo — rendra des services particuliers dans les combats de cavalerie.

5. Idée développée dans les *Mém.*, 3, 11.

*Page 63.*

3. Jusqu'ici les conseils de Xén. s'appliquaient aux chevaux de tempérament sanguin, c'est-à-dire les plus robustes,

énergiques et les plus sensibles aux aides, ou bien de tempérament mixte. Il reste deux autres catégories, selon qu'ils sont nerveux (θυμοειδής) ou lymphatiques (βλακώδης). « Les chevaux d'un tempérament nerveux..., chez qui prédomine la fonction nerveuse, tout en faisant preuve de beaucoup d'énergie et de résistance, sont généralement délicats, et chez eux « la lame use vite le fourreau » s'ils ne reçoivent pas tous les ménagements que comporte leur susceptibilité » (Jacoulet, N.E., p. 431). Dans le *Banquet*, Xén. fait dire à Socrate que l'on devient vrai cavalier en montant non des chevaux dociles, mais des chevaux *nerveux* (2, 10).

4. C'est le cheval de tempérament lymphatique. Il convient de lui donner une « nourriture riche, substantielle, des boissons excitantes » (Jacoulet, *ib.*).

*Page 64.*

5. On peut tenter de ramener à une allure plus calme le cheval qui s'emporte, ou s'emballe, en s'efforçant de le mettre sur un cercle ou de le faire tourner successivement à droite et à gauche, procédé indispensable si le cavalier a peu de champ libre devant lui, Sinon, un long temps de galop, de plus en plus calme, détend et apaise le cheval.

6. Voir 1, 8. On dit dans la langue familière « embarquer le cavalier ».

*Page 65.*

5. Monté ou libre, le cheval peut se calmer au son de la voix ou d'un sifflement modulé. Les vieux traités d'équitation appelaient « pipement » ce procédé. Dans certaines écuries modernes on panse en sifflant ou susurrant, pour calmer les chevaux qui s'énervent.

6. C'est le bruit produit lorsqu'on appuie la langue contre le palais. De telles « aides » supplémentaires peuvent être utiles avec le cheval mou.

7. La trompette qui retentit au cours des manœuvres.

8. Mais les conseils précédents restent valables car, au cours d'une campagne, ou d'un combat, le cavalier peut être obligé de prendre un cheval qui n'est pas le sien.

*Page 66.*

4. Le grec dit « au moyen d'un mors lâche », c'est-à-dire employé d'une main souple; cf. 9, 9.

5. La remarque est de toute première importance, car elle montre le degré de perfection atteint dans le dressage. La position est celle du « ramener » (voir 1, 8), c'est-à-dire l'élévation de l'encolure et la flexion de la tête à la nuque de manière à rendre le chanfrein à peu près vertical. C'est la première phase de l'équitation supérieure. La seconde sera dite en 11, 2.

*Page 67.*

4. « Grandes » est attribut, non épithète. On met au mors doux des rondelles qui soient grandes, ou l'on choisit un mors qui les ait. Si le cheval s'appuie sur le mors, le cavalier ne peut rien obtenir de lui. Il semble que les mors dits doux des Grecs aient été sévères puisque, comme le remarque P.-L. Courier, dans les figures équestres qui nous restent de l'antiquité, les chevaux — sauf quelquefois au repos — ont la bouche ouverte.

5. La phrase est malmenée par les manuscrits et par les éditeurs. En s'appuyant sur Pollux, qui n'a rien compris au passage, Widdra (cf. l'apparat critique) pense que les Grecs adoucissaient leurs embouchures en les enduisant de cire. A priori, la chose n'est pas impossible, mais on n'a aucun exemple de cet usage prétendu ni dans l'antiquité ni dans les temps modernes. Tout au plus fait-on quelquefois des onctions de miel sur les barres, ainsi qu'aux commissures des lèvres, mais le miel n'est pas la cire et les barres ne sont pas le mors (voir *Revue de Philologie*, 1966, p. 317). Le verbe κατειλόω n'existant pas, il suffit d'ajouter τά après le *participe* κατειλοῦντα pour trouver le verbe κατειλέω et rendre la phrase parfaitement claire; cf. Vigneron, t. I, p. 63.

6. C'est à-dire des mors brisés, ou articulés, par le moyen des « brisures »: voir ci-dessus, § 10. Xén. recommande le mors flexible, c'est-à-dire articulé comme l'est aujourd'hui le filet. Il existe de nos jours des mors spéciaux qui semblent répondre aux exigences de Xén.

7. Contrairement aux emplois précédents (voir lexique) il faut donner ici, comme à la fin du § 9, le sens de « mâchoires », ou « dents », au mot γνάθος. parce que le cheval ne peut *saisir*, ou *tenir*, le mors contre les barres, qui sont dépourvues de toute dentition.

8. Les mors grecs n'étaient pas toujours pourvus d'anneaux, mais leur présence est utile car, comme l'explique fort bien Xén., le cheval cherche à attraper de la langue ou des dents ce qui lui fuit dans la bouche. Il est ainsi distrait de l'action du mors et peut jouer avec lui.

*Page 68.*

3. C'est-à-dire pour obtenir du cheval une belle attitude (10, 1). Le développement progresse fort logiquement : pour mettre le cheval au ramener (§ 5), il faut posséder au moins deux mors, un dur et un souple (§ 6), et Xén. explique leur composition et leur rôle (§ 6 et 7). Mais quel que soit le nombre (ὁπόσοι) de mors, il importe qu'ils soient toujours plus ou moins flexibles (§ 8), et Xén. explique ce qu'est la flexibilité et la rigidité (§ 8 et 11). Mais quelle que soit la nature (ὁποῖος) du mors, il faut toujours l'employer de la même manière, ce que Xén. va expliquer au § 12.

4. C'est-à-dire qu'il fait des efforts, de la tête, pour se libérer de l'action de la main et « porte la tête au vent ».

5. C'est-à-dire lorsqu'il cède, et plie la tête. C'est l'attitude du cheval qui, sous l'action du mors, redresse l'encolure et fléchit la tête à la nuque. L'expression se dit d'une station debout imposée au cheval, monté ou non. Le « ramener » se dit plutôt du cheval dressé et monté, en ne considérant que l'encolure et la tête (cf. ci-dessus, 10, 3 et la n. 5).

6. C'est-à-dire la souplesse des rênes et la légèreté de la main.

7. La remarque s'applique fort bien au cheval de course moderne qui s'énerve au départ.

8. Le galop — non forcé — exige du cheval moins d'efforts que le trot.

*Page 69.*

3. L'exercice est décrit en 7, 17. La manœuvre essentielle, dans un combat de cavalerie, consiste pour Xén. à faire un demi-tour très rapide et à pousser immédiatement le cheval au galop allongé, tant dans la fuite que dans la poursuite, deux mouvements qui peuvent se succéder alternativement (cf. 8, 12).

4. Les deux actions sont *conjuguées* : les jambes du cavalier poussent le cheval en avant, mais le cavalier ne rend pas la main.

5. Avec la ponctuation adoptée, le texte des manuscrits est suffisamment clair pour qu'il n'y ait pas lieu de supposer une lacune.

6. Mouvement parfaitement observé : pressé par deux commandements contradictoires, le cheval tend à s'échapper par de petits bonds en avant, lesquels lui sont interdits par la tension des rênes.

7. L'analyse de la succession des mouvements est très fine. D'autre part, si le cavalier ne rendait pas la main à temps, le cheval pourrait se renverser.

8. Il ne s'agit plus d'une défense du cheval. L'air de haute-école est démontré par la souplesse obtenue. Le cheval n'est plus au « cabrer » mais à la « courbette ». Xén. rassemble en une seule attitude (déjà décrite en 10, 4) tous les « airs » de la haute école moderne. A ses yeux le dressage de haute-école consiste, pour le cheval d'armes, à obtenir artificiellement une allure et une attitude naturelles, celles du cheval qui se pavane devant les juments.

9. Xén. s'amuse des épithètes décernées à contre-temps par un public peu connaisseur, qui admire ce qui l'effraye.

10. Xén. s'adresse maintenant aux cavaliers qui ne se soucient pas des qualités du cheval d'armes, peut-être simplement parce qu'aucune guerre ne menace. Il s'agit du cheval destiné avant tout à briller dans les fêtes, revues, défilés.

*Page 70.*

4. La remarque, essentielle, montre une fois de plus le degré de perfection atteint par l'art équestre au temps de Xén. On a vu la première phase du dressage, avec le « ramener » (ci-dessus 10, 3 et la n. 5) Xén. montre le cheval parvenu, dans la seconde, au « rassembler ». Est rassemblé un cheval qui, étant déjà au ramener, engage les postérieurs. Il est alors dans une position d'équilibre parfait, mais aussi instable, ce qui permet à la moindre indication d'une main légère de lui faire sentir et comprendre ses ordres. Notre équitation peut être plus variée ; elle ne va pas plus loin.

5. Le fléchissement des jarrets nécessite, surtout dans le rassembler, une grande puissance musculaire.

6. Pour éviter que le cheval ne se renverse ; cf. ci-dessus 10, 2.

7. Ces deux autres procédés sont encore employés dans la haute-école, mais surtout lorsque le cheval n'est pas monté. Xén. préfère, avec raison, les résultats obtenus par la seule légèreté de main.

8. C'est-à-dire quand le cavalier lui indique sa volonté par l'une quelconque des aides.

*Page 71.*

3. Même à ne considérer qu'un seul escadron, si le phylarque, marchant en tête, cherche à obtenir des effets de son cheval

pour se faire admirer du public, toute la colonne qui le suit, quel que soit le nombre des files, ne sera pas seulement ralentie, mais mise en désordre par une allure forcément irrégulière; il y aura des à-coups dans l'escadron.

*Page 72.*

4. Le propriétaire, par opposition à l'entraîneur.

5. Dans ce dernier § Xén. semble permettre (par opposition avec ce qu'il dit au chapitre 2) presque des métiers, comme ceux d'entraîneur, d'éleveur, mais dans la mesure où ils peuvent donner une réputation, non des moyens d'exister. Mais dans un pays de courses comme l'était la Grèce antique, où il fallait se préparer pour les Jeux, beaucoup essayaient de vivre de ces métiers. L'*hippikè* bien entendue pouvait assurer de beaux bénéfices, mais est ruineuse dans le cas contraire. Il faut donc distinguer deux catégories parmi les hommes de cheval à Athènes, les amateurs, comme Alcibiade, qui prodiguent des sommes considérables pour acheter, élever, entraîner et faire courir les chevaux, montés ou attelés au char, et d'autre part les professionnels (cf. οὐκ ἰδιώτης, *Ec.*, 3, 9). Xén. s'adresse aux amateurs (2, 5; 12, 14) et se range dans leur catégorie.

6. L'armement ici préconisé pour le cheval et pour le cavalier est celui de la cavalerie perse, tel que Xén. avait pu en faire lui-même l'expérience; voir *Anab.*, 1, 8, 3 et 6-7; *Cyrop.*, 7, 1, 2. Xén. revient maintenant au cheval d'armes dans ses emplois de guerre. Songe-t-il à une menace précise de guerre?

7. Voir la discussion entre Socrate, ancien combattant, et l'armurier Pistias dans les *Mém.*, 3, 10, 9-15, sur les cuirasses et leur ajustement.

*Page 73.*

6. C'est-à-dire une sorte de fourreau *indépendant*, qui entoure l'avant-bras, sans être rattaché à la cuirasse ou à l'épaulière.

7. C'est-à-dire l'aisselle. A gauche, l'aisselle est couverte par le gantelet; comme, à droite, on a supprimé celui-ci, il faut une pièce de protection spéciale.

*Page 74.*

4. Le mot montre que la selle, pour Xén., est plus qu'un simple « tapis de selle » ou qu'une couverture. Il s'agit bien

d'une matelassure, quelque peu rembourrée puisqu'elle est de nature à consolider l'assiette et risque de blesser le dos du cheval, inconvénient toujours à craindre.

5. Le contexte indique que le mot ἐμβάς désigne soit une botte soit des souliers montés en botte, quelque chose comme ce que l'on appelle, même en France, des « leggings ». Voir les bottes lacées des métopes sicyoniennes, La Coste-Messelière, *Au Musée de Delphes*, p. 179.

6. L'emploi du sabre à cheval exige une assiette très sûre et la connaissance d'une escrime particulière ; le coup de pointe est plus facile à donner — mais plus facile à parer — que le coup de tranchant. La vitesse du cheval rend ces coups redoutables.

# TABLE DES MATIÈRES

Pages

*Ce volume,*
*le deux cent soixantième*
*de la série grecque*
*de la Collection des Universités de France,*
*publié aux Éditions Les Belles Lettres,*
*a été achevé d'imprimer*
*en mars 2022*
*sur les presses*
*de La Manufacture Imprimeur*
*52205 Langres Cedex, France*

*N° d'édition : 10165*
*N° d'impression : 220178*
*Dépôt légal : mars 2022*